とらわれない人はうまくいく

Success Comes
to Those
Who Let Go
A Little Courage
Can Change Tomorrow

ほんの少しの勇気で明日は変わる

長谷川普子
Hiroko Hasegawa

KADOKAWA

若い頃に思い描いていた自分とは
だいぶ違う「いま」だけど
驚きもあり、面白さもある。
この先にどんな変化があっても
「とらわれない」心があれば大丈夫。

誰かの価値観や
どこかの常識には振り回されない。
いつでも自分の「好き」が、
最高のナビゲーター。

外出前のルーティンは
鏡の中の自分に
「今日もかわいいよ」。

はじめに

はじめまして。長谷川普子《ひろこ》と申します。私は今59歳。好きが高じてSNSで着物についての発信を続けてきたおかげで、今では着物インフルエンサーとしてのお役目を担うことが多くなりました。

そんな私が「とらわれない人はうまくいく」ってどういうこと？　本書を手に取られた方は、そう思われたかもしれませんね。

２０１３年10月、47歳のときに私は夫とともにタイに向かいました。主な荷物はふたりでスーツケースふたつと段ボール箱ひとつ。このときはまだ、「ちょっと海外に住んでみる」くらいのつもりだったので、必要最低限のものだけ持っていけばいい、と思っていたのです。それが流れに身を任せているうちに、気づけば10年の月日を海外で過ごすことに。２０２４年４月にようやく日本に完全帰国しました。

長いようであっという間だったこの10年は、私に多くの変化をもたらしました。

きっかけは住んでいたタイや台湾で、もともと大好きだった着物を着てみようと思い立ったこと。海外での試行錯誤の着物生活を、YouTube や Instagram で発信しはじめました。コンセプトは、とにかく「着るを愉《たの》しむ！」。コツコツ続けていくうちに、いつの間にかたくさんの方に見ていただくようになり、今のお仕事につながっていきました。

さらに、日本を離れた当時は結婚したばかりだった夫との関係も、海外での10年の月日の中で強固なものに。実はこれまで離婚を3回経験している私ですが、ようやく真の伴侶を得られたと実感することができました。

人生100年時代といわれる世の中ですが、59歳の私がSNSで着物に限らず好きなファッションを発信すると、

「その年齢でもノースリーブを着ていいんですね」

「フリルやリボンが大好きだけど、自分の歳《とし》ではさすがに身につけられないと思って

ました……」

「真冬に夏の素材の洋服を合わせるなんてびっくり！」

たくさんのこのような反響をいただいて、驚いています。

同時に、私も以前はそんな感覚をもっていたことを思い出しました。周囲の目を気にして、浮かないように、目立たぬように、なんとなく〝自制〟するのが当たり前、そんなふうに生きていたのです。

でも、それって誰のため？　私がとらわれてきたものって何？　私がほんとうに幸せと感じることって何だろう？

そんなことを考えはじめ、とことん自分と向き合った結果、今の私――つねに「自分が好きな自分」でいられて、毎日が小さなハッピーに彩られている、そんな私になれたのです。

もちろん、私も自分のすべてに満足しているわけではありませんし、未来も不確定要素ばかりで、不安がないわけではありません。それでも、私が身につけた「何ごとにもとらわれない」考え方をもってすれば、これからどんなことが起こっても「私は大丈夫」。

今、そんなふうに思えていることが何より幸せなのです。

もし、この本を読んでくださっている方が、もっと自分らしく生きてみたい、将来の自分に希望がもてない、そんなふうに少しでも感じていらっしゃるなら、もしかすると私の経験してきたこと、そこから培った考え方が何かのヒントになるかもしれない。そんなことを思って、この本を書かせていただきました。

人生は、いつから始めても今日がいちばん早いタイミング。

この本が、あなたのほんとうの幸せを見つけるための小さなきっかけになれたら幸いです。

長谷川普子

CHAPTER 3 ／ ともに生きる

寄り道やまわり道の先にあったもの

CHAPTER 4 ／ 人とのつながり

他人と関わる。自分を知る

CHAPTER 5／これからのこと

私たちは変わり続ける

デザイン／菊池祐
写真／布施鮎美（帯写真、P4～8、81、85、93、96、183、186～187、191）
写真／TADEAI 久野藍（プロフィール写真、P88）
ヘアメイク／依田陽子
DTP／NOAH
校正　麦秋アートセンター
編集協力／野口久美子
編集／高見葉子（KADOKAWA）

CHAPTER 1 /

身軽な生き方

思いつき海外生活10年がくれたもの

「とらわれている人」だった昔の私

最近、人から「ヒロコさんって、昔から自由な人なんでしょうね」「ヒロコさんみたいに、思いのままに生きてみたい」などと言われることがあります。確かに、これまで結婚4回、英語もたいして話せないのに思いつきで海外移住10年、目を引くグレイヘア、そして気がつけば「着物インフルエンサー」。かと思えば洋服のコーデがInstagramでバズったり、と何かと自由奔放なイメージがあるかもしれません。

でも私が、今のように自分の好きなことを好きなように楽しんで、日々の幸せを素直に感じられるようになるまでには、本当にいろいろなことがありました。もともとの私は、たくさんのことに〝とらわれた〟人生を生きていたのです。

私たちは赤ちゃんから大人になる間に、生まれたときにはなかった「型」みたいなものに、いつの間にか少しずつはめられていきます。

気がつくと、「女だから」「男だから」「長女だから」「嫁だから」「もう○歳だから」とあらゆる型の中に閉じ込められて、自分では身動きがとれなくなったりします。心ではそれが窮屈だなと感じていても、その中で無難に、自分の色を極力出さずに溶け込むことをよしとされ、それでいて型の中で一生懸命に頑張らなければならない。

気づけば、自分自身ではなく、型に上手にはまっているかとか、環境や持ち物、着るものなどで判断し、判断されることが当たり前になっていたりします。とくに、私たちの世代は「型」にはまることこそが幸せ、という風潮の中で育った人が多いのではないでしょうか。そういう意味では「とらわれ」が強い世代といえるかもしれません。

私も例外ではなく、子どもの頃は厳格な母親にこれでもかというほど「○○だから」「××すべき」という呪いをたくさんかけられて育ちました。

もちろん、実際は親が子どもに窮屈な思いをさせようとして、そんな押しつけをしているわけでないことはわかっています。当時の価値観の中ではそれが最善であり、「これがこの子のためだ」と信じていたことは容易に想像できるのですが……。

親世代による過度の期待や価値観の押しつけ。結果的にそれが多くの人の足かせとなって、幸せになりきれない原因になっていたりもします。

私の場合、とくに大きかったのは、「私は◯◯じゃないと価値がない」と思いこんでいたこと、そして「自分で自分を許せない」という感情にとらわれすぎていたこと。それらの感情に気づくまでに何年もかかり、気づいてからも、手放すことができるまでにはさらに何年もかかりました。

今、やりたいことを思いきり楽しみながらできていることや、4度目の結婚がうまくいっている理由は、これらの「とらわれ」をうまく手放せたことの結果だと思っています。

どうしてそんなことができたのかについても、この本でおいおい書いていきたいと思います。

4度目の結婚で出会った添い遂げられるパートナー

最初の結婚は、親に勧められた人とのお見合い結婚でした。2度目の結婚は、猛アタックしてきた人と。そして3度目は、「この人と家族をつくりたい」と思えた8歳年下の彼とでした。でも、どれも5年ほどしか続きませんでした。

私の3度の離婚については、ここでは書き尽くせないくらい壮絶な経験でしたが、当然、結婚する時はその都度相手と本気で添い遂げる覚悟でしたし、そのときの私ができる最大限の努力はしてきたつもりです。身から出たさびと言えますが、私にとっては「生きるか死ぬか」と思えるような決断や、その後もずっと続く苦悩も味わってきました。

3度目の離婚をしたときは、さすがに「結婚はもういいかな。あとはひとりで生きていこう」と決心しました。信頼できる友だちがいて、仕事があって、時々楽しく飲める仲間もいる。ひとりになった今の生活が、これからもずっと続いていくんだろうな……そう思っていました。

そんな気持ちが変化するきっかけとなったのが、2011年3月に起こった東日本大震災です。

報道で目にする被災地の被害の大きさに、心がつぶされそうな毎日。また原発事故対応をはじめとして、国の明るい未来が見えず、日本中で不安が募っていくのをひしひしと感じる日々でした。

そんな不安定な気持ちのまま過ごしていた、その年のクリスマスイブのこと。何とはなしにつけていたテレビで、毎年定番のように深夜にやるバラエティ番組を流していたのですが、そこで笑いのネタとして紹介される「不幸な話」を聞いていたら、笑えるはずなのに無性に泣けてきて……。

そのとき、「このままひとりはイヤだ、やっぱり一緒に生きていく人がほしい！」と心の底から思ったのです。

その気持ちを親友に話すと、ちょうどその頃、彼女はネット婚活中。じゃあ、私もやってみようと、さっそく婚活サイトに登録しました。相手に求める条件は、健康で、最低限のお金の心配がなくて、できればフリーランスの仕事の人。ひとつ目とふたつ目は過去の結婚の反省から、3つ目は、とにかく一緒に過ごす時間が多くとれそうな、自宅で仕事ができる人がいいな

お互い、最初に思い描いていたお相手像とは違っていたけど、会うたびに魅かれあっていきました。

と思ったのです。

そこでマッチングしたのが、今の夫です。実際に会ってみたところ、初対面の印象はよかったけれど、アーティストという職業柄、収入が安定しているとはいえないし、持病があるというし……。私が描く「ともに生きていく人」像とは少し違うかもしれない、そう思っていました。

でも、そのあとお茶をしながら盛り上がったのが、初デートにふさわしい話題とはいえない、政治への不信感や日本のゆくえについてなど。もちろんそんな話題だけではなかったけれど、このときのおしゃべりで、お互いの深いところの価値観が一致していることを感じたのでした。

1年のつもりの海外生活がなぜか10年に

そんなふうに出会った私たちですが、順調にお付き合いをし、結婚することに（結婚をするまでにもいろいろありましたが、詳しくはまたあとの章に……）。

そして結婚から半年ほどたった2013年の10月に、最初の移住先であるタイに向かいます。

私が夫とともに海外移住をしようと思い立った理由は、当時の日本に閉塞感《へいそくかん》を覚えていたから。暮らしの先に明るい未来を思い描くことができない気がして、いったん日本から離れてみてもいいのかな、と思ったのです。また、アーティストである夫の作品を広めるためには、海外に拠点をおくのも有効なのでは、という気持ちもありました。

さらに、私の中には隠れた理由がもうひとつ。それは、結婚して間もない夫との信頼関係を深めることでした。ほぼお互いしか頼る相手のいない海外で生活することは、純粋にふたりの気持ちのつながりを深めるのに最適なように思えたのです。

当初、滞在予定は1年ほどのつもりでしたが、1年目の終わりにバンコクで夫の作品を展示するチャンスが巡ってきました。その後、タイの複数の都市で巡回展の開催などもあったため、そのままタイ暮らしを延長することに。

そうしてタイでの生活も5年目に入った頃、帰国を視野に入れはじめたときに、たまたま訪れたのが台湾でした。数日過ごしてみると、なんだかとっても暮らしやすそう。タイに住み続けるか、日本に帰るか、と迷っていたところに、「台湾に引っ越す」という新し

最初の移住先はタイ・バンコク。まさか５年も住むことになるとは……。

い選択肢が加わりました。

その後結局、台湾に移住することになり、２０２４年に帰国するまでの5年間を過ごしました。

軽い気持ちで始めた海外暮らしが10年も続くことになったのは、その時々の「流れ」に乗ってきた結果です。

つねに意識してきたのは、巡ってきたチャンスや縁を生かしてワクワクするほうへ向かうこと。乗りたい流れを選んだら、あとは流れに身を任せてみるのです。そんな生き方は、結果的に私たちの世界を大きく広げてくれました。

滞在中に参加した、タイのランタン祭り。その幻想的な様子は一見の価値あり。

歩道の端は歩くべからず。日本の常識は世界の非常識

海外旅行はそれなりにしてきましたが、旅をするのと暮らすのでは大違い。タイや台湾で生活してみると、あらためて日本との違いに気づくこともありました。

たとえば交通事情。日本では「歩行者優先」のルールが守られているため、少しぐらい車道にはみ出しても「車がよけてくれる」という意識がありますよね。でも、この常識はタイでは通用しません。「道路は車優先」というような運転をする人もめずらしくないので、歩道の端を歩くのだって危険なときがあるのです。

また、タイでも台湾でも、公共のトイレでは便座のフタは開けっぱなしがデフォルトでした。もしフタが閉まっているトイレがあった場合、どんなに混んでいても誰もそのトイレに入ろうとはしません。なぜなら、フタがしてあるということは、見てはいけないもの、

右：タイの水かけ祭り
左：台湾の市場で寝ていた猫

見たくないものがこんもりたんまりと入っているという合図だから……。私は日本に戻りしばらくたってようやく、便座のフタが閉まっているトイレにもびくびくせずに入れるようになりました。

「お客様は神様」という考え方も、日本ならではのものですよね。お会計をしようとすると、お店の人から「今私はお昼休憩中だから、あとにしてよ」とか、「それは売りたくない」と断られたことも（笑）。

営業中でもリラックスしていてマイペースな働きぶりに、最初は驚かされることもありましたが、慣れてくると「仕事って、このぐらいユルくやったほうがいいのかも」とも思うようになりました。

印象深かったのは、電車やバスでのこと。タイでも台湾でも、席を譲られた人は、恐縮するでもなく当然

国が違えば「当たり前」も全然違う！　その違いを楽しめれば、人生はより豊かに。

のように座り、お礼を言わないこともめずらしくありません。それに対して、譲ったほうもまったく気に留めていないようでした。

「親切にされたらお礼を伝える」というのは、きっと世界共通のこと。でも、席を譲ることがあまりにも日常で当たり前のことだからこそ、「ありがとう」「どういたしまして」が必要ないのかもしれない。

そんな光景を目にしたとき、ふと「本当の思いやり」とは、見返りを求めない心のあり方なのだと気づかされたりもしたのでした。

どれも経験しなければ知り得なかったこと。新鮮な面白さを感じたり、ときには日本のよさを再確認したり。自分の「常識」や「正解」は絶対ではないことなどを学びました。

伝えたい気持ちさえあれば言葉の壁は乗り越えられる

たとえ旅行でも、海外に行くとなれば必ずぶつかるのが言葉の壁です。夫はそれなりに英語が話せますが、私は片言程度しか話せません。

タイでは語学学校でタイ語の勉強を、台湾でも中国語を勉強しましたが、難しすぎるのか私にセンスがないのか、いつまでたっても身につきませんでした。結局両方とも、スムーズに通じるレベルになったのは、「ありがとう」「こんにちは」「いくらですか?」と、数字ぐらいでした。この程度の語学力で10年間も海外で暮らしたのかと思うと、自分でも感心してしまいます。

言葉は、もちろんできたほうがいい! だから、海外移住を考えている人には早めに勉強を始めることをおすすめします。でも、私のように頑張っても身につかない場合は、できなくても何とかなりますし、今はスマホの翻訳機能が強い味方になってくれます。

「見切り発車」をしないと、この人生で経験できないことも多いのではないでしょうか？　私たちはあのタイミングで日本を出ていなければ、海外移住に踏み切れていなかったんじゃないかと思うのです。

そして、言葉ができなくても、「伝えたい」という思いがあれば大丈夫。

「目の前にいるあなたとコミュニケーションをとりたい」という気持ちは、相手に必ず伝わります。すると、こちらのつたないタイ語、中国語や英語、ときには日本語にさえ耳を傾け、「この人は何を言いたいんだろう」と、想像力を働かせてくれます。結果、なんとなくお互いの言いたいことが通じてしまう——そんなことがよくありました。

また、私の場合は、現地で知り合った人たちにもとても助けられました。タイに住んでいるときからYouTubeやＳＮＳで着物に関する情報発信を始めていたため、初めて台湾に行ったときには、着物に興味がある人たちがコンタクトをとってきてくれました。

そのときに知り合った日本人の女性が現地の友人を紹介してくれたり、着物のイベントをきっかけに新しい人と知り合ったり。

イベントなどでは、日本語で声をかけてくれる台湾の人もいました。私と着物の話がしたいからと、日本語を勉強してきてくれたのです。その気持ちがうれしくて、お互いのつたない日本語、中国語、英語でごちゃ混ぜにしながらも、結果的に会話が成立するのですから面白かったです。

ほんの少しの勇気とコミュ力、そして翻訳アプリがあれば、世界中どこへ行っても大丈夫！

物は物。あったらうれしいけれど、なくてもいい

タイや台湾での生活は楽しかったけれど、生活上の不便さや思い通りにいかないことはたくさんありました。たとえば、たまには素朴な納豆ごはんが恋しいなと思っても、3個パック600円の高級品である納豆を気軽に買えなかったり、賃貸の部屋についている家電が使いづらかったり。何でもそろっている日本での暮らしの中であれば、「あれがない、これがない」と不満を募らせていたかもしれません。

でも、たいした荷物も持たずに海外に行き、「何もないのが当たり前」のところから生活を始めてみたことで、自然に視点が変わったのだと思います。どんなところでも「住めば都」。「外は雨だけれど、私たちは家の中で濡れずにいられてよかったね」「一緒に食べるごはんはおいしいね」と、今あるものに目を向けられ

るようになりました。

これまでの3回の離婚で、そのたびに生活をリセットしてきた経験からかもしれませんが、私にとって、物は物。愛着も感じるし、失えば悲しいけれど、すべてなくしたとしても立ち直れなくなるほどのショックは受けません。どんなに大切な物でも、それを一生抱え続けていけるか？と考えると、無理だな、と思うことが多いから。

もちろん、いつだってほしい物はいろいろあります。でも、「あったらうれしいけれど、なくてもいい」が本音です。私にとって物を持つことは、幸せの本質ではないのでしょう。

インドを旅行中、ホテルでボヤ騒ぎがあってバス

どんな物よりも、夫と過ごすこんな時間が大切。

ローブ姿で避難したり、台湾では夫が急病で入院したり。10年の間には、命の重さをあらためて感じさせられたこともありました。そんな経験もあって、今の私は、夫と自分が元気でいられればそれで十分と思っています。

幸せの形は、人それぞれです。お金も地位も仕事も、すべてとっぱらって体ひとつになったとき、自分は何に幸せを感じるか？　たぶんその答えが、自分なりの「幸せの基準」です。

私の場合は、隣にいる大切な人と、「おいしいね」と言いながらごはんを食べたり、夕焼けを見て「きれいだね」と言い合ったりすること。10年間の海外生活は、自分が何に幸せを感じるのかを発見するよい機会になりました。

ネガティブな感情も味わいつくせば消えていく

私が59年生きてきて学んだことのひとつが、「夜中に悩まない」こと。夜中に悩みはじめると、必ず気持ちがマイナスの方向に行きます。考えれば考えるほど不安が増幅して、負のスパイラルにはまり込んでしまうのです。

おまけに、このときに感じる不安は「まだ起こっていないこと」に対するものだったりします。ああなったらどうしよう、こんなことが起こったらどうしよう、とネガティブな想像をふくらませて頭の中で暗いシナリオを書き上げ、先回りして落ち込むわけです。

負のスパイラルから抜け出せずに苦しんでいた20代、30代の自分にアドバイスできるなら、こう言いたい！

ねえ、それって、まだ起こってもいないよね？

もちろん、誰だってイヤなことを考えたくて考えるわけではありません。それでも悩みごとが頭から離れず、グルグル考え続けてしまう理由のひとつが、感情を味わいきらずに処理しようとするからだと思います。

タイや台湾に住んでいるときに強く感じたのは、みんな自分のそのときの感情を素直に出すのが上手だな、ということです。でも、日本では一般的に、「感情的になる＝あまりよくないこと」とされています。そのため、私たちの多くは、無意識のうちに自分の気持ちにフタをしたような状態で生きています。

フタをしてしまえば周りからは見えなくなるけれど、自分の中から消え去るわけではありません。それどころか、消化しきれないままいつまでもくすぶり続けることになるのです。

イヤなことや気になること、ネガティブな感情やイライラの本質は何なのか。分解して整理してみることをおすすめします。

まず、何がイヤなのか、何が気になるのか、紙に書くか口に出してみるのです。私の場合は夫に聞いてもらっています。

すると、最初は「○○に腹が立った」など表面的な感情しか出てこなかったりします。でも、書き出したり口に出したりすることによって冷静になると、自分は本当は何に腹を立てたのかが、少しずつあぶりだされてくるのです。

実はその感情の奥には、「うらやましかった」とか「さびしかった」など、自分でも気づかなかったような思いが隠れていることがあり、そんな思いに気づいて、しっかり出し切ることによって、納得できることも多いのです。

感情を抑え込んで、なかったことにすると、イヤな気持ちがあとを引きます。でも、とことん怒ったり泣いたりすれば、あとには何も残りません。
そのときわき起こった感情を素直に味わいつくすことは、ネガティブな感情への最良の対処法のひとつなのではないでしょうか。

優秀なナビゲーターは「気分」
進む方向を示してくれる。

海外に住んでみようと決めたとき、当然ですが、どこに住むかについてはかなり迷いました。治安は？ 街の雰囲気は？ 物価は？ などあれこれ考えましたが、タイを選ぶ決め手となったのは、とってもシンプルな理由。「タイ料理っておいしいよね！」でした。

その5年後には、タイに住み続けるか、日本に帰るか、台湾へ引っ越すか……という三択に直面しました。そのときも、「まあ、台湾は小籠包《しょうろんぽう》がおいしいんじゃない？」なんて言いながら引っ越しを決めた記憶があります。

おいしいものにつられた……という部分もありますが、食べることは生活そのものです。私の中では、「タイ料理へのワクワク＝タイでの暮らしのワクワク」でした。幸せにつながる方向を指し示してくれる

「ごはんがおいしい」は、何よりも日々の幸せの基盤となるもの。

のは、いつだって理屈ではなく自分自身の感覚だと思うのです。

私は、決断や方向性に迷っているときは、「気分」に従うようにしています。

30代の頃、人生に迷い悩みに悩んで、ありとあらゆる自己啓発系の本やブログを読み漁りました。どれも最初は「なるほど」と思えて、自分でも実践しようと思うのですが、なかなか続けられなかったり、無理に続けようとすると苦しくなってしまったり。そのせいで自分を責めてしまい、また別の指針を与えてくれるものを探す……ということを繰り返していました。

40代半ば頃までは自分の軸となるものが見つけられずにいましたが、最後にたどりつき、実感とともに心から腑に落ちたのが、「よい気分でいること以上に大切なことは何もない」という考え方でした。

気分がよいことをしていると、次に起こることも気分がよくなる出来事だったりしませんか？

よい気分には、次のよいことを連れてくる力があります。小さな幸せを感じることは、よいことがスルスル起こるきっかけになります。

だから逆に言うと、イヤな気分になるのは、進む方向が間違っているサイン。不快感を抑え込むだけでは何も変わらないので、よい気分になれる方法を探して方向転換をする工夫が必要です。

とはいえ、落ち込んでいるときに「元気を出さなきゃ！」なんて無理やり頑張る必要はありません。大切なのは、自分の気持ちを受け入れることです。

どんよりした気分から抜け出せそうにないなら、とことん浸ってしまいましょう。「私って本当にかわいそう」「世界一不幸な女は私」と悲劇のヒロインになり、泣きたいだけ泣いてみてください。

つらい気持ちを味わいつくすと、あるときフッと気持ちが軽くなります。どんなに悲しくても、おなかは空くし、眠くなる。おまけに不幸に浸ることにも飽きて、悲劇のヒロインでいることがバカバカしくなってくるものです。

感情は、雲のように流れていくもの。その瞬間は一生続くように思えた悲しみや苦しみも、決して同じ形でその場にとどまり続けることはないのです。

お金がくれる「選ぶ喜び」は「自由」につながる

海外に住んでいる間は、ビザの関係もあり働き方が制限されていましたが、２０２４年に帰国してからは仕事がしやすくなりました。自由に働けるようになって実感したのが、お金がくれる喜びは「手に入れること」そのものではない、ということでした。

もちろん収入を得られるのはうれしいけれど、それ以上に喜びを感じるのは、誰かのためのギフト探しを純粋に楽しめることや、食べたい物を悩まずに選べること。ほかにも、疲れたときにタクシーに乗ったり、宿泊を延ばしたり、私にとってお金は、自分に必要以上に制限をかけずにすむための手段、ということです。

海外で暮らした10年間、私たちは必要最低限の物でやりくりしていました。次に引っ越すときのことを考えて、いつ手放しても惜しくないような物を選んでいました。

帰国して少したった頃、友人の家を訪ねました。照明のスイッチやドアノブにまでこだわりが感じられるインテリアが、とても素敵で。ああ、そういえば私にも好きな物がいろいろあったな、と思い出しました。

日本に戻った今なら、それなりに物が増えても大丈夫……ということでさっそく買い物に行ったのですが、あれもこれもほしいとは思いませんでした。私が望んでいるのは、今の家に合うもの。本当にいいと思う物を見つけるまで妥協せず、最終的にカップを買って帰りました。

心からほしいと思って選んだカップで飲むお茶は、格段においしく、カップひとつで、お茶を飲むという行為が喜びにあふれたものに変わりました。

自分の好みにぴったり合う物との出合いは、いつも一期一会。

自分の気持ちを満たしてくれる物を買うことは、大きな喜びです。お金を手放すことを惜しいとは思わず、むしろお気に入りの物を手に入れられることに感謝したくなります。

お金は、自分が選んだ物に対して気持ちよく使うことが大切だと思っています。納得感がなければ、心は満たされませんから、「もっとよいものがあったのかも……」という迷いが生じ、さらにムダな買い物を重ねてしまったりすることになるでしょう。

人生を豊かにするのは、たくさんの物でもなければ、贅沢品《ぜいたくひん》でもありません。お金は、自分がほしいものやしたいことに納得して使ってこそ生きるものなのだと思います。

CHAPTER 2 /

私をつくるファッション

好きなものだけ身につける

去年までの服が似合わない問題

あれ？　去年まで着ていた服が似合わない？　そう感じたことがある人は、少なくないと思います。私自身を振り返ると、50代に入ったとたん、いろいろ変化を感じるようになりました。髪質、体型、肌の衰え等々、少しずつですが、確実に変化していきました。

こうした微妙な変化のために、今まで大好きで着ていたし、似合ってもいたはずの服が、髪や体型と不釣り合いに感じられるようになるわけです。

ここで「もう着飾るのはあきらめて、無難なカジュアル路線に変更しよう」と考える人も多いのではないでしょうか。でも、もともと好きで着慣れているならいいのですが、そうでない人は、よけい違和感を覚えることになるでしょう。

ファッションに迷ったときこそ、自分を知ることが大切です。このときに重要なのは、内側と外側の両面を知ること。

内側に当たるのは、自分の好み。私たちは意外に、「人から似合うと言われた」「自分の仕事や立場にふさわしかった」というものを「好き」と勘違いしがちです。他人からの評価はいったん忘れて、自分の本当の好みを考えてみてください。

外側に当たるのは、外見の変化。似合う服&似合う着こなしのためには、自分を客観的に見る目をもっておくことも大切です。

私の場合、じっくり考えてわかった自分の好みは次の4つです。①シンプルでありながらデザイン性があるもの　②少しモード系　③透ける素材　④フワフワしたもの。

そして多くの場合、これまでずっと好きだったものは、やはり好きなのです。「いやいや、だからそれが似合わなくなってるから困ってるんじゃないの？」と突っ込みたくなるかもしれません。

でも、大丈夫。たとえばひと口に「透ける素材」といっても、さまざまなタイプがあるからです。同じような服に見えても、透け方、素材、形の違いで、今の自分に似合うものがきっとあります。

50代からのおしゃれに必要なのは、「これまで」と「これから」を変えることです。去年までのフワフワが似合わないと感じるのなら、鏡に映った自分と冷静に向き合い、今の自分に似合うフワフワを探していけばいい。大好きなフワフワそのものをあきらめる必要はないのです。

フワフワ素材のキャミも、シンプルな黒ニットに合わせれば大人な顔に。

真夏以外ははいている、何にでも合わせやすい優秀な黒ブーツ。同じ型のものを買い替え続けて、はや4代目。

「若作り」と「若見え」を分けるもの

ファッションやメイクなどに関して「若作り」「若見え」などといわれることがありますよね。「若作り」にネガティブなニュアンスがあるのに対して、「若見え」は一種のほめ言葉として使われます。

若く見えればいいわけじゃないというのが大前提ではありますが、あえて私なりに定義するなら、「若作り＝過去への思い入れ」「若見え＝アップデート」というところでしょうか。

私自身もそうですが、年齢を重ねたからといって、ファッションの好みがガラリと変わるわけではありません。そのため、自分が好きなものへの思い入れが強かったり若い頃のセルフイメージが残っていたりすると、これまでと同じようなものを着続けてしまうこと

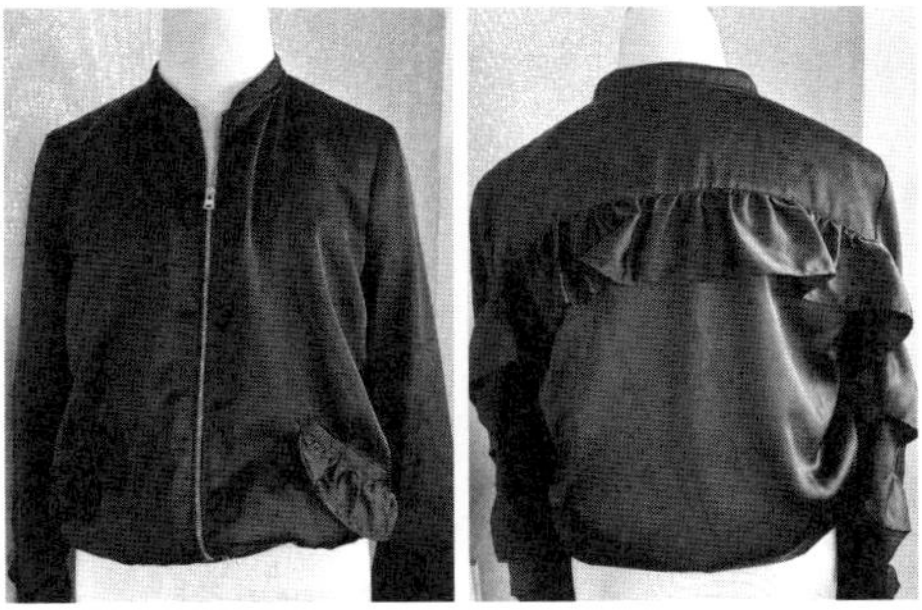

10年以上着ているブルゾン。一見シンプルなのに後ろのフリルで個性を出してくれます。

があります。その結果、年齢不相応なものを着ているように見え、「若作り」と思われてしまうわけです。

反対に「若見え」と言われる人は、アップデートが上手なのだと思います。今の自分に似合うものを上手に選んで着ることでおしゃれ感が増し、若く見せようと頑張っているわけではないのに、年齢より若く見えるのではないでしょうか。

ファッションに迷っている人にぜひおすすめしたいのは、「引き算」すること。

自分の好きなテイストは残しつつ、アイテム選びは若い頃よりシンプルに。色味も3色程度に抑えるのがおすすめです。

ですが、やりすぎるとシンプルを通り越して地味になり、むしろ老け見えすることもあります。色数を抑えすぎて同系色だけでまとめると、ぼんやりとした印象になってしまったり……。

対策としては、全体のバランスを見ながら、少し個性的なアイテムを加える、差し色でメリハリをつけるなど。ぜひ自分なりの工夫を楽しんでみましょう。

もちろん、年齢とともに好みが変わっていく部分もあります。たとえば、私が着物を着始めたばかりの頃、紬《つむぎ》の着物にはまったく興味がありませんでした。人からすすめられても紬のよさがわからず、眼中になかったのです。

でもそれから数年後、初めての紬を手に入れたのをきっかけに、紬の技術の奥深さに触れたこともあり、

仕立てた着物の開封にときめく59歳。若い頃の私は、こんな私を想像したかしら……？

すっかりはまってしまいました。今では、大島《おおしま》紬や牛首《うしくび》紬、白山《はくさん》紬に結城《ゆうき》紬、そして名もない紬まで、かなりの数を集めて、実際に着ています。

マイ・ファースト紬は、草木染《くさきぞめ》の緑が美しい色大島でした。紬に対する評価が１８０度変わった第一の理由は、最初に自分の好みにぴったりの一枚に出合えたからです。

でもそれと同時に、以前の自分よりも紬が似合う年齢になってきたということも関係しているんじゃないかな、と思っています。

役割のための服ではなく
自分が好きな服を着る

40代、50代でファッション迷子になる女性は少なくありません。今まで気に入っていた服がなんとなく似合わなくなったことに気づくけれど、だからといって、何を着ればいいのかわからない。とりあえずシンプルで無難な服を選ぶうちに、自分に似合う服や好きな服がますますわからなくなり、おしゃれから遠ざかってしまう……という残念なことが起こるわけです。

迷子になる理由のひとつが、正解を求めすぎるからだと思います。ファッションに関しても間違えたくないという気持ちが強すぎて、「この服、ヘンじゃないかな？」と不安になってしまうのです。さらに、SNSで「○○はダサい」「○○はオバ見え」なんて情報を見てしまったりすると、混乱はマックスに……。

ファッションの正解は、他人の中にはありません。

今の自分にちょうどいい、フリルとモードの絶妙バランスがあるのです。

いちばん大切なのは、自分を知ること。自分を知る第一歩として、「好き」を追求してみるのがおすすめです。たとえば、私はモードな雰囲気も好きだけれど、フワフワ＆フリフリしたものも大好き。でも、フリフリしすぎているものは着ないし、着るときは全身のバランスをしっかりチェックします。これまでにたくさんのフワフワやフリフリを試して自分の個性との相性を見た結果、どの程度のフリフリまでなら許容範囲なのかがわかっているからです。

大切なのは、こうした加減がわかることです。アイテムとして素敵なもの＝自分が着て素敵なものとは限りません。「自分を知る」とは、その服を自分が着たらどうなるか？を冷静に考え、着るか着ないか、着るとしたらどのように着るのかを判断できるようになることなのだと思います。

また、ファッションに迷いはじめた人は、シンプルを通り越して「地味」や「無難」に走りがち。年齢とともに悪目立ちすることを恐れて無難な服を選ぶようになります。人と違ったことをして目立つと攻撃されるのでは、誰かに「その服は変だ」と笑われるのでは、などとついつい考えてしまうのかもしれません。

でも、考えてみてください。あなたは普段、誰かの服装を批判的な目でまじまじと見たりしますか？　見るとしたら、あなたが「わあ、素敵！」と思うときだったりしませんか？　そうなんです。人は他人の洋服をそんなに気にして見ていませんし、見るとしたら、その人の好みに合っていて、「あの服どこのだろう？」「どうやってあんなふうに素敵に着こなしているんだ

洋服でも着物でも、「好き」を基準で選ぶと、自然と足取りが軽くなるのがわかります。

ろう？」といった目線がほとんど。そもそも好みじゃない服には、注目しないんです。

つまり、好きな服を着たあなたにイヤなことを言ってくるのは、他人ではありません。「誰かに変と言われるかも」という「誰か」は、実は自分自身の中にある自分からのダメ出しだったりするのです。

大人になると、母、妻、○○の嫁、○○社の社員、といった「役割を演じるための服」を着る機会が増えますよね。そうして役割にふさわしい服を選び続けていると、自分はもともと何が好きだったのかさえ見失ってしまいがちです。40〜50代は、これまで求められてきた役割から少しずつ解放されていく時期。ぜひもう一度、自分の「好き」を取り戻してみませんか？

「〇〇診断」はおしゃれのバイブルではなくヒント

私はこれまでに、「パーソナルカラー診断」などと呼ばれる「自分に似合う色」を知るための診断を4回も受けました。しかも、自分でも資格を取り、100名ぐらいのパーソナルカラー診断をしたことがあります。なぜここまではまったかというと、自分自身の診断結果がひとつに定まらなかったからです。

4回中2回は「ブルーベース（ブルベ）の冬」、残り2回は「イエローベース（イエベ）の春」。正反対ともいえる結果が半々で出たため、結局どっちなの？と、すっきりしなかったのです。

その後、たまたま知り合ったカラーアナリストさんに相談したところ、ブルベの冬がもっとも似合うメインのカラー、イエベの春はその次に似合うセカンドカラーだということが判明しました。セカンドカラーはすべてが合うわけではなく、私の場合は明るめの色がよい、というアドバイスも受けることができました。

自分のこうした経験もあり、パーソナルカラー診断や骨格診断など、ファッションに関する「〇〇診断」は、受けないより受けてみたほうがよいと思っています。もって生まれた個性がわかるため、自分を知ることにつながるからです。

ただし、「〇〇診断」の結果は外見だけを手掛かりにして導き出されたものです。おしゃれには、自分の内面が関わることも忘れてはいけません。

診断結果を活用するコツは、あくまでヒントとして使うこと。結果を絶対的な正解だと思って従おうとすると、「私はブルベの冬だから、パステルカラーは絶対に着られない！」なんてことになってしまいます。

もちろん、似合う色と好きな色が完全に一致しているなら問題はありません。でもそうではないなら、診断結果にはとらわれすぎないほうがよいと思います。

たとえば、あらたまった場に行くときやしっかりおしゃれしたいときは、診断結果に従って「間違いなく似合う服」を選び、素敵な自分を演出するのが正解でしょう。でも、それ以外のときは自分の好みで突き進んでいいのです。「似合いますよ」という保証付きの服しか着ないのは、つまらないですよね。好きなものを自分流に着こなしてみせる！　そんな気持ちをもっていたほうが、おしゃれを楽しめると思います。

好きな服を着こなしたいと思うと、鏡を見る回数が

存在感のあるアクセサリーは、最後に姿見で全身を見ながら決めることが多いです。

増えます。そんなときのために、ぜひ持っておきたいのが姿見。全身が映る鏡です。

おしゃれで大切なのは、全身のバランスです。何と何を組み合わせるかだけでなく、袖の折り方や胸元の開け方、アクセサリーの合わせ方など、トータルで見ていくことが大切なのです。

毎日、鏡で全身を見ることは、自分を客観視することにもつながります。そして、鏡の前で好きな服の着方を研究するうちに、自分の個性の生かし方もわかってくるでしょう。

「○○診断」などが教えてくれる「自分に似合うはずのもの」に、個性を生かす着こなしの技が加われば最強。これから先も、自分を素敵に見せるおしゃれを楽しんでいけるはずです。

約3年がかりで完成した自分好みのグレイヘア

「グレイヘア＝大人の女性のナチュラルなヘア」というイメージがあります。私も最初はそう思っていたのですが、白髪が生えたからといって、いきなり思い描いたようなグレイヘアになることはありませんでした。

30代の頃から白髪が出てきた私は、日本では美容院で2週間ごとに自然な色の白髪染めをしていましたが、タイに引っ越してからはセルフ染め。市販の白髪染めを使って、白髪を完全に隠すために、ずっと黒髪で過ごしていました。

黒髪のメリットは、モード寄りのファッションに合うことでしたが、「白髪が少しでもあると目立つ」という大きなデメリットもありました。

白髪がどこに出るかは人それぞれですが、私の場合は頭のてっぺんでした。そのせいで、染めてから2週間もたつと、髪の分け目に「モーセの海割り」のような白い通路ができてしまうのが悩みでした。こまめに染めるのがしんどくなってきて、台湾に引っ越した頃からグレイヘアへの移行を考えはじめました。

素敵なグレイヘアに変身した自分を思い浮かべながら美容師さんに相談すると、当然ですが「ナチュラルなグレイヘアにするには白髪が伸びるのを待つしかない」といわれました。でも、「モーセの海割り」状態にストレスを感じていた私には、その方法を選ぶことはできませんでした。

グレイヘアへの移行には、ほかにもさまざまなやり方があります。そのうちのひとつが、黒髪をブリーチ（脱色）して徐々に明るくし、白髪の仲間をつくる方

愛用している紫シャンプー。ブリーチ後の黄味を抑えてくれます。

法です。ただ私の場合、それまでセルフで染めていた部分が伸びてすべてカットできるまで待つ必要がありました。市販の毛染め剤を使ってきた場合、ブリーチしても赤みが残ってしまい、私の理想である白い髪になりにくいということがわかったからです。

そこで、まずは全体をブリーチして色味を調整し、カットしながら徐々にグレイヘアに近づけていくことにしたのです。

ブリーチを重ねた髪は、白ではなく金色になります。これを白にするためには、さらに白やグレイのカラーを重ねていく必要がありました。

結局はナチュラルなグレイヘアと同様に時間がかかるものでしたが、私は自分の白髪をストレスに感じるのではなく、好きになりたかったので、思い切って全

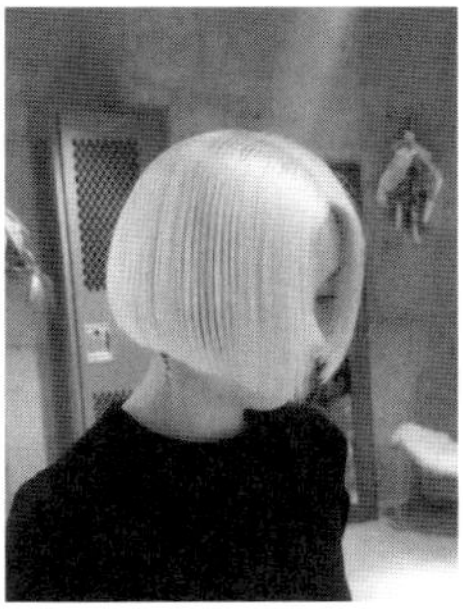
なぜここまで手間ひまかけるのか？　答えは、自分がそうしたいから。

体を白にする方法を選んだのです。そしてスタートから3年以上かかって、今の髪色が完成しました。私の地毛は、本当はまだまだ黒髪のほうが多いのです。今後も全部が真っ白になるかどうかはわかりません。この先どうするかは、髪と地肌の体力にもよりますが、そのときの気分で「好き」を選びたいと思っています。

以前、お世話になったパーソナルスタイリストさんの名言に、「自分がどうしたいかと、どう見られたいかが一致していると個性になる」というものがあります。社会的な役割に応じて自分を作るのではなく、本来の自分の思いを見つめなおす。さらに、自分がどんな人間として生きていきたいのかを表現する。ファッションはその手段として最適だと思うのです。

自分への「かわいい」は自信をくれる呪文

ＳＮＳなどで発信するため、私はよく自撮りをします。Instagramなどを見るとわかるのですが、私の写真は顔の右側から写したものが多くなっています。

その理由は、私の「利き顔」が右側だから。自分で見る限り、左より右から撮った顔のほうが好きなのです。せっかく写真を撮るなら少しでも気に入った自分で写りたいので、カメラにはできるだけ利き顔を向けるようにしています。

自分を客観的に見ることは、とても大事。同時に、自分を否定しないことも大切です。

誰にでもコンプレックスはあります。もちろん私自身にも、イヤなところがたくさん。でも、たとえどんな造作でも、どんな肌でも、どんな体型でも、私はこれで59年やってきたのです。これから先もこの姿で生きていき、このままお墓に入るつもりです。変えようがない自分をちゃんと「いい」と思えなかったら、つらすぎます。

そのためにしてほしいのが、自分に「かわいい」と言ってあげることです。ひとりになれるときに、ちょっとおしゃれして鏡の前へ。そしてしっかり自分を見てから、声に出して「かわいい」と言ってみてください。

正直、下半身が太いとかおなかが出ちゃったとか、気になることがいろいろあるでしょう。でも、そんなことはどうでもいい！　とにかく、「かわいい」と言うのです。

そんなこと言えない、と思う人もいるかもしれません。言いづらいと感じる理由はおそらく、ナルシストだと思われるのがイヤだから。でも、家の鏡なら、何も心配はいりません。誰も聞いていないところで何を言おうと他人に批判されることはないのですから、思いきり自分をほめてみてください。

「かわいい」や「きれい」の基準は千差万別です。世間一般でいわれるステレオタイプの美しさを基準にして比較するのではなく、すべての人が自分の魅力に気づくべきだと思います。

「私なんて……」と縮こまっているのはもったいない。自分に「かわいい」と言い続けることには、自分への自信を深めて「イヤなところ」を「好きなところ」に変えるパワーがあります。

タイにいた頃、食物アレルギーで顔が腫れ上がってしまったことがあります。鏡を見ると普段の顔のほうがずっとマシだと思えて、過去の自分に「これまで文句つけてばかりでごめんね」と謝りました。パンパンに腫れた顔のまま迎えた3日目、不安になって夫に聞いてみました。……ねえ、私の顔がずっとこのままだったらどうする？と。夫の答えは、「別に。だって、ヒロコはヒロコでしょ」。

にわかには信じられませんでしたが、その言葉には励まされました。たとえコンプレックスがあろうとも、自分の理想の姿とは違っていようとも、自分そのものの価値が下がることはないのです。唯一無二の自分を、まずは自分が好きでいてあげてください。

「〜でなくちゃいけない」って本当に？

完全帰国して迎えた初めての冬、チュール素材のキャミソールや、春夏物のシャツやニットを使ったコーディネートをInstagramにアップしました。日本に帰ってきたことを実感したのが、そのときの反応に「夏の素材をこの季節に着てもいいんですね」といったものがあったことです。

10年間暮らしたタイと台湾では、厚手のセーターやコートは必要ありませんでした。動画を撮ったのは、日本に戻って初めての冬。私はいわゆる「冬服」をあまり持っていなかったため、手持ちの服を重ね着するアイデアを紹介したのです。

四季がある日本では、生活のあらゆる面で季節感が大切にされています。ファッションに関してもそれは同じで、「季節に合った服装をする」のが常識とされ

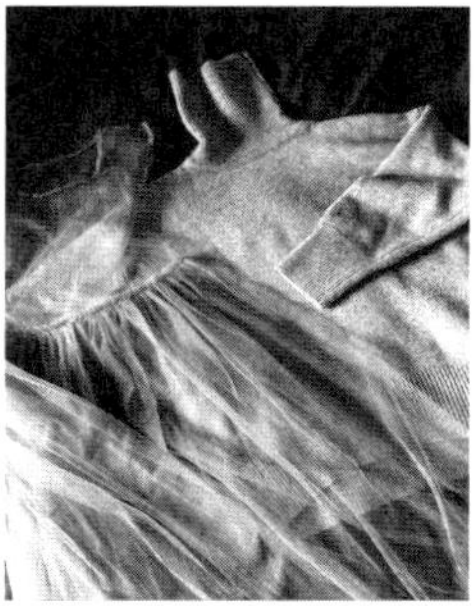

重くなりがちな冬のおしゃれも、チュールを合わせれば軽やかさと個性がプラスされる。

ています。もちろん、季節感のあるおしゃれをするのは素敵なことです。でも「麻は夏」「透ける素材を冬に着るのはヘン」といった暗黙のルールにしばられて、おしゃれを楽しめなくなってしまうのはもったいないような気がします。

それが自分のスタイルなら、春物のシャツワンピースと冬物のニットを重ね着するのも、タートルのニットにひらひらのチュールキャミを合わせるのもアリ。冬に夏っぽい服を着るのは「季節外れ」じゃなくて「素材ミックスのおしゃれ」と思ってみてはどうでしょう？

季節感以外に、年齢や立場によるしばりも存在します。40代以上はノースリーブを着るな、母親なら派手な格好をするな……。誰もが、こんな〝圧〟を感じたことがあるのではないでしょうか。

でも、よく考えてみると「〜じゃなきゃいけない」に根拠はありません。単に「みんながそうしているから」というだけのことなのです。

そのことに気づいてから、私は「〜じゃなきゃいけない」という常識を「それ、本当？」と疑ってみるようになりました。いったん立ち止まって自分で考え、従うのは納得できたときだけ。それ以外は、自分の基準を優先します。

だから、59歳になってもノースリーブを着るし、真冬にチュールキャミも着ます。常識から外れても、たいした痛手は負いません。せいぜい、周りから「ちょっとヘンな人」と思われる程度です。

年をとったらノースリーブを着ちゃいけないなんて、誰が決めた？

おしゃれは自分のためのもの。してもいいし、しなくてもいい

私は、小さい頃から洋服が大好きでした。学生時代のバイト代は、ほとんどが洋服代に消えました。若い頃は買うことも着ることも楽しくて、プチプラの流行《はや》りものからちょっといいブランド品まで、あらゆるものに手を出していました。

自分で着物を買って着るようになったのは、タイに住んでいた頃です。日本に一時帰国するたびに、リユース店などで着物を買っては持ち帰っていました。海外で身軽に暮らそうと、日本を出たときはミニマリストを目指していたはずなのに、その5年後に台湾に引っ越したときは、積み重ねると私の背丈を超えるほどの着物を持っていたのですから呆れてしまいます。

でも、私が自分の好みや似合うものをそれなりに知っているのは、洋服も着物も「質より量」の時代を

通ってきているからです。とにかくたくさんのものを着てみること、その中で自分の好き・嫌いを見分け、好きなものを着こなす工夫をすることが、センス磨きには欠かせないと思います。

私が日頃から心がけているのが、服をただ「着る」のではなく、「おしゃれをする」という意識をもつこと。何も考えずにシャツを身につけたのでは、ただ「着た」だけです。ただし同じシャツでも、下にインナーを重ね着し、襟元や袖口からチラ見せ、なんて工夫をすれば「おしゃれをした」ことになります。

もちろん、24時間365日おしゃれをしている必要はありません。たとえば私にとって、部屋着は「着る」服です。似合うかどうかを考えないわけではないけれど、着ていて楽なことが第一。気持ちよくダラダ

ミュージカル『キャッツ』を観劇したときのコーデ。自分のためにおしゃれすることは、心を健やかに保つための何よりの秘訣。

ラするためには暖かさ・涼しさも大切だし、洗いものなどの家事に備えて、袖のまくりやすさなどの機能も重視します。

反対に着物は、カジュアルであっても「おしゃれをする」ための服。TPOや出かける目的などを考え、楽しみながらコーディネートします。

そして私は、ちょっとそこまで買い物に行くときにも「おしゃれをしたいな」と思うタイプです。それは「誰かに見られるかもしれないから、常識として頑張っている」わけではなく、「私がそうしたいから」。

フォーマルな場面を除き、ファッションは自分のためのものです。だから、おしゃれしてもいいし、しなくてもいい。大切なのは「何を着るか」ではなく、「何を着たいか」なのだと思います。

靴下を立ったままはくのは、体幹チェックを兼ねています。

ファッションとしての着物と文化としての着物

今では日常のおしゃれ着として着物を着るようになりましたが、私の着物生活のスタートは浴衣《ゆかた》でした。日本にいる頃から「夏には浴衣」と思っていたので、常夏の国であるタイでは、語学学校やネイルサロンなどに浴衣を着ていくようになりました。その写真をSNSに投稿したところ、大炎上。「昼間の外出に浴衣を着るなんて！」と、批判が集まりました。

さらに、「浴衣の下に襦袢《じゅばん》を着て襟をつければいい」「足袋《たび》を合わせれば格が上がる」などと、私を置きざりにして、コメント欄で大論争が巻き起こりました。とにかくいろいろな意見があって収拾がつかないし、正直、何が〝正解〟なのかもわからない。そこで私は、それなら浴衣じゃなくて夏の着物を着てみようかな、と着物の世界に足を踏み入れたのです。

着物の着付けや着方のマナーに関しては、いろいろな考え方があり正解はひとつではないと思います。ただファッションとして自分のために着るのなら、着物にも浴衣にもルールはないと思っています。洋服と同じ感覚で着物と帯を自由に組み合わせたり、オリジナルの着方を試したりするのも、着物の楽しみ方のひとつだと思います。

ただし、フォーマルな装いとして着物を着る場合は、場にふさわしい格のものをきちんと着るのがマナー。服装は、同席する人たちへの敬意を表すものでもあるからです。

着物は、日本の伝統衣装です。長い歴史があるからこそ、守るべき一定の決まりごとがあります。一見、窮屈に感じるかもしれませんが、逆に言えば、基本的

着物を着るとき特有の、背筋がぴんと伸びるような緊張感が大好きです。

なルールさえ知っておけばTPOに合わせた装いができるということ。フォーマルな場面で「うっかり場違いな服装をしてしまった」という失敗をすることもありません。

さらに、着物と帯の柄や小物の色使いなどで季節感を演出したり物語を盛り込んだりすることができるのは、着物ならではの豊かな楽しみです。

最近、少し派手な着物を着たら、夫に驚かれました。そういえば帰国してからの私は、シンプルな着物を着ることが増えていたからでしょう。理由は、日本の街中に溶け込むことを意識していたせい。

着物を着ていると、やはり目立ちます。でも私は、着物姿で「悪目立ち」することなく、その街に自然に溶け込む着こなしが一番落ちつくのです。

ファッションとして着るときは、着物にチョーカーだってアリ。

着るだけで上品な マダムになれる着物の魔法

「折り目正しい」とは、礼儀正しくきちんとした様子のこと。この言葉は、着物から生まれたものなのだそうです。

着物には決まった畳み方があり、それを守らないとシワになったり、妙な折り線がついたりしてしまいます。着物を着たとき、襟の後ろから背中に三角形の折り目がついていればきちんと畳めていた証拠。ムダなシワがなく、背中心の縫い目がスーッとまっすぐに通っている様子には、スラックスのセンタープレスがピシッと保たれているのと同じ気持ちよさがあります。

着物を着ていると、振る舞いが自然にていねいになります。洋服と同じ感覚で動くと、せっかく着たのに着くずれやすくなったり汚れたり。きれいに見える状態をキープしたい気持ちが働くため、とくに意識しなくても動きがゆっくりになり、袂《たもと》に手を添えるなど普段はしない所作も加わります。ていねいさが品のよさにつながることは、着物を着る大きなメリットのひとつです。

また、着物を自分できれいに着られるようになるまでには、それなりに着付けの練習が必要です。そのため、「自分で着てる」と言うと、「すごい！」「えらい！」なんてほめられることが多く、ちょっとよい気分も味わえます。

私のおすすめは、少し背伸びしたレストランに着物姿で行くことです。「上品な大人の女性」という印象を与えられるため、間違いなくお店での扱いが変わります。これまでの私の経験では、よい席に通してくれたり、着物を汚さないようにナプキンを余分に持ってきてくれたり。そのうえ「着物＝高価なもの」というイメージが根強いためでしょう、まるでお金持ちのマダムに対するようなていねいなサービスをしてもらえるのです。お店の人は、目の前のマダムがお召しになっている着物が、まさか2万円のリユース品（！）とは思わないのかもしれません。

着物がもつ「特別感」は、私たちの気持ちに作用します。着物を着ているだけで、見慣れた街の風景が新鮮なものに変わり、いつものカフェもスペシャルな場所に感じられるのです。

だから、着物に興味があるなら、ぜひ着てみてほしいと思います。着物がくれるワクワクした幸せを味わってみてほしいです。

着物を着ると、自然に背筋が伸びて所作もエレガントに。

着付けは自分自身と向き合う時間

はっきり言って、着物は面倒くさいものです。着るのも大変だし、着ている間は気をつかうし、着た後にはお手入れも必要だし……。でも、こうした面倒くささが着物のよさでもあると思います。

着物は、畳むとペタンコになります。着付けは、平面的な着物を立体的な体に合わせていく作業。ひとつひとつの動作が、自分の体や心を見つめなおすようにできています。

たとえば、補正を入れるか入れないか。いつもは補正を入れるのに「入れたくない」と感じる日がありま す。理由は、少し楽をしたいから。そんなちょっとした気持ちの変化から、自分が疲れていることに気づかされることもあります。また、いつもと同じように着たはずなのに、仕上がりがなんとなくしっくりこない

日々の着付けは、
「今日の私の調子」
をはかるのに最適。

ことも。服の形が決まっている洋服とは違い、着物を着たときの仕上がりには、そのときの自分の状態が顕著に表れます。合理的なこと、速いことがよいとされる時代だからこそ、ゆっくりと体を整えていく着付けの時間はより貴重なもののように思えます。

襟の合わせ方や、衣紋《えもん》の抜き方。ちょっとした加減ひとつで、着物の表情は大きく変わります。ある程度慣れてくると、他人の着付けの良し悪しも見えてくるようになります。そして、マネをしたり反面教師にしたりしながら練習を繰り返し、自分好みの着付けを探っていくのです。

着物の海は、とんでもなく広くて深い！　今はまだ浅瀬にいる自分がこれからどこに向かうのか、楽しみなような、ちょっと怖いような……。

着付けにかかる時間は 20 分ほど。急がず、ていねいに着ることを心がけています。

CHAPTER 3 /

ともに生きる

寄り道やまわり道の先にあったもの

入籍したかった理由。妻の座、そして……

今は夫婦の形もさまざま。とくに私は今の結婚の前に3回も離婚しているので、4回目は事実婚という形をとる選択肢もありました。でも私は、入籍することにこだわりました。いくつか自分なりの理由があったからです。

ひとつ目は、旅行中に飛行機事故にあった場合に備えたいから。というのも、私たちは結婚前にもよく海外旅行に行っていました。万が一旅先で自分たちを含む多くの被害者が出た場合、身元確認はパスポートや搭乗記録に頼ることになるはずです。

姓が違えば他人だとみなされ、別々の遺体安置所に運ばれてしまうかもしれません。そして、それぞれの家族に連絡がいって、離れた場所でバラバラにお葬式を挙げられて……。私たちは事故現場で別れて、二度と会えないことになるかもしれない。そんな寂しい結末を避けるためには入籍するのがいちばんよい、という結論に達しました。

ふたつ目は、彼のアーティスト活動を手助けしていきたいから。私が誰かに彼の作品を紹介する場合、当然、相手は私が何者なのかが気になります。その際、私が「妻」なのか「彼女」なのかは大違いだと思ったのです。「妻」という立場には、夫の作品を理解して制作をサポートしてきたのかな、と思わせる説得力があります。でも「彼女」だと、単に彼のことが好きだから推しているだけと思われるかもしれません。腰を据えて彼をバックアップしていくためにも、正式な妻を名乗れるようになりたかったのです。

そして3つ目が、開運。入籍するなら、私は自分の姓を変えるつもりでした。彼と結婚して「長谷川普子」になった場合の画数を調べてみたら、なんと最強の運勢！　こんなことを知ってしまったからには、もう入籍するしかありません。

とはいえ、彼のほうは入籍にあまり積極的ではありませんでした。無理もないことですが、私の離婚歴から、自分との結婚生活が本当に続くのかどうか、疑問に感じていたのです。

そこで、まず私が実行したのが、根回しです。彼の両親に「あなたたち、結婚しないの？」と言われたら、すかさず「したいんです！　私は、したいんです！」と即答（笑）。彼本人ではなく、周りからかためていくのが狙いでした。次にやったことは、彼へのプレゼ

夫からもらった結婚指輪。実は私と知り合うずっと前に作ってあったものだとか（笑）。

ンです。とにかく私と結婚すると得られるであろうメリットをたくさん挙げて、猛アピールしました。

あとは彼の賢明な決断（プロポーズ）を待つのみ。でも、なかなか思うようにはいきません。秋頃に彼の両親に紹介されたのに、年が明けても彼は私にプロポーズする気配もなく、今よりもっとせっかちだった私はやきもきする毎日。

結果として、彼はホワイトデーに私に指輪を贈ってくれました。そして私たちは、4月1日に入籍することを決めたのです。エイプリルフールを選んだのは、この結婚を「冗談のような本当の話」にしたい、という彼の照れ隠しからです。そして2013年4月1日、予定通りに入籍をすませ、私は最強の運勢の画数をもつ女になりました。

パートナーシップの土台は お互いへの尊敬と尊重

誰かとよい関係を築くために欠かせないのが、相手を尊敬できるか？ということです。

夫の場合、日常の小さなことが私にとっては尊敬の種。たとえば、大ゲンカした翌朝にケロッとした顔で「おはよう」と挨拶できることや、普段から率先して家事をしてくれること。こんな姿を見るたびに、素直にすごいな、と思ってしまいます。

彼と結婚するまでの私はあれこれこじらせていて、あるとき、「私って歪《ゆが》んでるよね」と自虐発言をしたことがありました。彼の返事は、「人間は歪んでるのが普通だよ」。このひと言で、一気に気が楽になったことを覚えています。

また彼は、私がだらしない姿でゴロゴロしていても文句を言ったりけなしたりしたことがありません。ふと気になって「イヤじゃないの？」と聞いてみると、「人間だもの」とひと言。

相手にとって救いになる、こんな言葉を意識せずにさらっとかけられることも、彼の尊敬すべき一面です。だからこそ、私は穏やかにニコニコしながら過ごせるんだな、と実感しています。

尊敬と同時に、「尊重」も大切です。夫婦であっても、価値観や好みが完全に一致することはありません。だからお互いに、相手が大切にしているものは尊重したい。たとえ自分には理解できなくてもそっとしておくし、相手のやりたいことは制限しないことにしています。

たとえば夫は、少し前から「四毒抜き」という食事法を実践しています。小麦粉、乳製品、植物油、甘いものを控えるというもので、どうやら彼の体質には合っているようです。

夫は私にも勧めてきますが、甘いものが好きな私には絶対に無理。自分はやらずに、夫を見守る立場を貫いています。

もちろん、ふたりで同じものを食べたい気持ちもありますが、だからといって、彼に「四毒抜き」をやめてほしいとは思いません。食べるものは少し違っても「今日もごはんがおいしいね」と言い合える時間が、かけがえのないものだと感じています。

「自分が愛するより、愛されて結婚したほうがいい」と言う人もいれば、「自分が本当に惚《ほ》れた相手と結婚

すべてを分かち合う必要はなくて、ただお互いを思い合えていれば。

しなければ幸せになれない」と言う人もいます。私たちの場合は、たぶん、先に好きになってくれたのは夫。でもその後は、私の「好き」のほうが強いはずです。もし私が「愛されたほうが幸せ」論を信じていたら、今の状態を「負け」と感じるかもしれません。でも私は、夫との間に勝ち負けをつけるつもりはないし、たとえ自分が負けていたとしても、ぜんぜん構いません。

世間でよくいわれることについて、何が正解かを決めるのは自分です。いろいろな考え方があるなら、それぞれが自分にとってしっくりくるものを受け入れていけばいい。夫婦だからといって気持ちが一致するとは限らないし、一致させることを目指す必要もないのかな、と思っています。

自分からあふれる愛が、やがて自分に返ってくる

3度目の離婚をするまでずっと、私は夫や恋人に愛を求めてきました。同時に、〝ちゃんとして〟なければ愛されないんじゃないか、お金を稼げない自分には価値がないんじゃないか、などという気持ちから逃れられず、自分を責めてばかりいました。

私の気持ちが大きく変わったのは、今の夫との海外生活がきっかけです。頼れるのはお互いだけ、という環境でスタートした海外生活は、夫と向き合い、自分を見つめなおす時間でもありました。

その中で気づいたのが、私が自分自身を許せていなかったことでした。1度目の離婚当時、私に生活力がなかったために子どもの親権を手放さなければならなかったことは、私にとって大きな痛手となりました。そのときの無力感や罪悪感から、私は自分自身を愛せ

なくなっていました。自分には価値がなく、幸せになれるはずがないと思い込んでしまい、「ちゃんとしていなければ」「稼がなければ」と、どうにかして愛されるための付加価値を得ようとしていたのです。

アーティストである今の夫は、働き方が特殊です。彼の場合、毎日コツコツ制作するわけではなく、アイデアが降りてきたら作業を始める、というイメージ。集中して仕事に打ち込むこともあれば、何もしていないように見えることもあるわけです。

ある日、働いていない（ように見える）夫の姿を眺めているとき、ふと思いました。あれ？　私、彼が仕事をしていても、していなくても、彼のことをすごく愛してる……。さらに突き詰めて考えてみると、彼が

彼が彼であり、私が私であること。それだけでいい。

作品づくりをやめたとしても、寝ているだけの彼だったとしても愛してる。彼の存在そのものが大切なんだ、と気づきました。

同時に、それは自分にも当てはまるのかもしれないと思ったのです。夫と一緒にいると幸せなのは、今の自分が、条件なしで丸ごと愛されていると感じられるからなのかもしれない、と。

私の中で「愛」のことを本当の意味で理解できたのは、このときだったように思います。そのイメージは、まず、自分からあふれた愛情が相手を包み込み、そのままそれが大きくなって戻ってきて、自分のことも包み込んでくれる、というものです。

それは自分から湧き出たものなので、相手の愛に振り回されることもありません。そう、愛情とは、自分で自分に無条件で注ぐものだったのです。

この発見をした後、私は小さな実験をしてみました。お茶や食事をしたとき、夫はお財布を出すのが遅いタイプです。待ちきれずに、せっかちな私が支払いをすることもよくありました。でもある日、お財布を出さないと決めたのです。

もちろん、夫は自分のペースでお財布を出し、支払いをしてくれました。たったそれだけのことですが、私にとっては大きな収穫でした。夫は、「カフェで支払いをしない私」であっても、変わらずに愛してくれる！と感じることができたから。

大切にされていいんだよ、愛されていいんだよ、と自分に言えるようになるための小さな一歩でした。

夫は話すこと、私は黙ることを覚えた

話すのが好きな私と違い、夫は口数が少ないタイプです。以前はよく、彼の言葉が足りない部分を私が補おうとしていました。人と話す時は、夫を立てたい気持ちもあって「彼は不器用だから」「ちょっと言葉が足りないから」などと言葉を添えていたのです。でも今思うと、私が思う夫のよくないところを先回りして言いわけしていただけかもしれません。

こうしたフォロー（?）をやめたのは、夫と話し合ったから。私は手助けのつもりだったけれど、夫にとってはあまりうれしくなかった、ということがわかったからです。

海外に住んでいた頃、私は夫の作品を広めたくて、チャンスだと思えばすかさずアピールしていました。夫は英語ができるけれど、自分の作品をグイグイ推せるタイプではありません。それに対して私は、英語もタイ語も中国語もできないけれど、コミュ力は高いほうと言えるでしょう。営業力は夫より私のほうがあると思い、仕事関係者やギャラリーへの来場者に「夫の作品は○○で……」などと説明する役を引き受けていました。

でもあるとき、「私はあなたの説明ではなくて、アーティスト本人の話を聞きたいのよ」と言った人がいました。また、ある展示会場では、作品の説明をしているときに「あなたが長谷川洋介《ようすけ》さんですか？」と声をかけられました。日本での展示会なら、「洋介」という名前から、女性の私を作者だと思う人は少なかったはず。でも海外では、外国人の名前から性別を推測するのは難しいため、ペラペラしゃべっている私

ついしゃべりすぎてしまうのは、夫の作品の魅力をより多くの人に知ってもらいたいあまり……。

をアーティスト本人だと思ったのでしょう。あわてて「違います。作ったのはこの人です」と隣にいる夫を前に押し出しましたが、夫が主役の場で私がしゃべってばかりなのはおかしいと気づかされました。

そんなこともあって、あらためて夫に本音を聞いてみたのです。私がよかれと思ってやっていることは、もちろん夫もわかっていました。でもやはり、不満もあったのです。

夫は、よく考えてから口に出すタイプなので、話しはじめるまでに「間」ができます。それが気になる私は、待ちきれずについ自分が話してしまいます。私が話すから彼は黙り、さらに私が話す、というのがいつものパターン。私は、夫が言いたいことをかわりに言ってあげたつもりですが、肝心の夫はひと言も話していないのです。これでは、夫がモヤモヤするのも当然です。

自分がしゃべりすぎていたことに気づいてから、私は夫の言葉を待つようになりました。すると、私が先に話してしまわなければ、夫は話すのです！　これからは必要とされているとき以外、しゃしゃり出ないようにしよう、と反省しました。

私たち夫婦はなんと生年月日が同じなのですが、性格は正反対。夫は気持ちを内に秘め、私は外に出すタイプです。このときの話し合いで、私は待つことの大切さを知り、「黙ること」を覚えました。反対に夫は、「口に出すこと」の必要性を感じたと言います。今では彼なりに、自分の気持ちを言葉にする努力をしているようです。

相手にNoと言われたら「イヤ」の正体を探ってみる

結婚することを決めたあと、彼との間にもうひとつの関門がありました。結婚式についてです。

私は、結婚式をしたかった。最初の結婚式ではあまり自分の意見を言う余地がありませんでした。2回目はタイで挙式をしたのですが、用意されていたのがタイの衣装だったため、私としては不完全燃焼（笑）。3回目は式は挙げず、記念写真を撮っただけ。だから、今回は自分の納得のいく式を挙げたかったのです。

でも、夫が結婚式をイヤがっているのは明らかでした。そこで「やりたい」と「やりたくない」だけをぶつけ合ってもらちがあかないと思い、私は夫に何がイヤなのかを聞いてみました。

最初に出てきたのが、「タキシードを着せられて、ひな壇に座るのがイヤ」とのこと。じゃあ、ひな壇はなし。招待客と一緒に円卓に座るのはどうかと提案しました。

次に、「大勢の前で、結婚しました！って報告するのがイヤ」と。じゃあ、身内だけで少人数の式にしましょう。

そうして夫の「イヤ」をひとつひとつ解消すべく、私はさらに提案しました。

会場も、貸し衣装も、式のプランも、出席者への連絡も、全部私がやるから。あなたは、私が提案するものを見て、どれがいいかなどの結論だけ言って。あとは、前日の衣装合わせだけやってくれればいいから！

彼は、それならＯＫ、と言ってくれました。

最後まで恥ずかしがっていたタキシードも着てみたらよく似合い、式の当日、本人もまんざらでもなさそ

最初はイヤがっていた夫も、当日は楽しんでくれていました。

うでした。家族だけの小さな式だったので、新郎からの挨拶もしっかり決めてくれました。式を挙げたかった私は、もちろん大満足。夫も意外に楽しめたようなので、私たちの結婚式は大成功だったと言っていいと思います。

「結婚式」という大きなくくりで話してしまうと、夫が嫌がっている理由がわかりません。でも、細分化して具体的に考えていけば、解決できることもあります。こうした話し合いがきちんとできるのも、夫のよいところです。お互いに自分がイヤなことを伝えてもケンカにならず、建設的な話ができる。「言葉が通じる」ような感覚があるのです。

ただし夫は、自分の気持ちをあまり口に出しません。

私が同じタイプだったら、お互いに黙ったまま問題が自然消滅するのを待つ関係になっていたかもしれません。でも私は、ふたりの間の問題はちゃんと解決したいタイプ。だから、私からあれこれ質問して、夫の気持ちを引き出します。黙り込んだときは、考え中なのか、言いたくないのか。怒っているように見えるときは、今どんな気持ちなのか。こんなふうに聞いていくと、さすがに答えが返ってきます。

たとえ夫婦でも、他人の考えていることはわかりません。たしかに、長く一緒に暮らしていると「きっとこう思ってるだろうな」と感じることも増えてきます。でも、それが正解とは限りません。すれ違いを避けるためには、ちゃんと言葉で伝えていくことが大切なのかな、と思います。

我慢して爆発するのではなく、素直な「してほしい」

私が日頃から気をつけているのが、夫に対してキーキー言わないこと。カチンとくることがあると、つい感情的に怒りたくなりますが、それは誰のためにもなりません。そんなとき私は、いったん気持ちをしずめて「悟った人」のように振る舞うようにしています。

人間は言葉でコミュニケーションする生きもの。「言わなくてもわかってくれる」というのは幻想です。思いは言葉にしなければ伝わりません。キーッと怒る→相手が引く→さらに怒る、なんてことを繰り返しているとコミュニケーション不全に陥り、関係が悪くなっていくばかりです。

イヤだな、と思うことには必ず理由があります。まずは落ち着いて、自分は何がイヤなのかを見極めましょう。そして、「私は怒っている」ことを表現するのではなく、シンプルに「私はこう思っている」と伝えてみてください。

たとえば洗いものを手伝おうともしない夫にムカッとした場合、「なんでいつも私ばっかり！」などと怒るのは悪手。いきなり責められれば夫もイヤな気分になるし、それ以上に、相手は何を求められているのかがわかりません。結果的に見当違いの対応をされてさらに怒りに火が付いてしまったり、売り言葉に買い言葉で言い返し、本格的なケンカに発展してしまったりするわけです。

それより、「今日は私は洗いものをしたくない」と言ってみてはどうでしょう？　するべきことを具体的に提示すれば、夫が対応を間違えることはありません。気持ちに少し余裕があるなら、選ぶ余地を与えるのもおすすめです。私がよく使うのが、「洗いものをするか、洗濯物を干すか、どっちかやってくれる？　あなたはどっちがいい？」のような言い方。両方やらないという選択肢がない確実な方法であるうえ、相手に「選べてラッキー」のように思わせる効果もあります。

多くの場合、夫や恋人への怒りの正体を突きつめていくと、そこにあるのは寂しさだと思います。もっと構ってほしい、やさしくしてほしい、抱きしめてほしい。それを正直に言えないのは、気恥ずかしさや、相手に負けたようなくやしさを感じるせいではないでしょうか。

心の奥に抱え込んだ「言えないけれどわかってほしい」という気持ちは、そのうちに「どうしてわかってくれないの？」に変わります。そして、「もうイヤ、キーッ！」と爆発してしまう。でも、そうやって怒っていると、相手は離れていくばかり。だって、ハリネズミみたいにとげとげしくなっている人を抱きしめるのは難しいからです。

寂しさをこじらせないためにおすすめなのが、ハグの習慣です。好きな人とハグすると、何ともいえない安心感を覚えます。パートナーとよい関係を保つためには、スキンシップも大切。恥ずかしがらずに、ぜひチャレンジしてみてください。

ちなみに、ハグには自律神経を整え、免疫力を上げる効果があることが証明されているそう。相手が照れて尻込みするなら、「自律神経のバランスを整えて免疫力を上げ、健康に生きるためにハグしない？」などと言ってみるのはどうでしょう？

イヤだな、と感じたことは速攻で口に出す

私は、男性が人前で自分のパートナーを「愚妻」などとへりくだって紹介したり、けなしたりすることが好きではありません。もちろん私も、人前で夫をけなすようなことはしません。「イジる」というのでしょうか？　その場の空気で、面白おかしく扱ったり扱われることがイヤなのです。

以前、飲み会の席で、誰かが言った「ヒロコが強いから、洋介（夫）は怖くて何も言えないんだよね？」という言葉に、夫が「うん」と答えたことがありました。もちろん冗談で言ったことだし、夫の返事も場の空気に合わせたものだということはわかりました。でも私は、地味に傷ついたのでした。

そこでその日は、家に帰ってから夫に自分の気持ちを伝えました。「ひどい妻みたいに扱われて傷ついた。

あんな言葉に同調されるのはイヤ」と。夫の本心を確認したかったし、私がどう感じたかも知ってほしかったのです。それを聞いて、夫はわかってくれたようでした。

イヤなことを伝えるときは、「すぐに言う」のがポイントです。ガマンしてためこむと、イヤなことが積み重なってこじれていくばかり。そうなる前、「シンプルなイヤがひとつだけ」の段階で外に出すようにすれば、怒ったり争ったりしなくても解決できることが多いのではないでしょうか。

どんどん伝えたほうがいいのは、感謝や愛情、尊敬の気持ちも同じです。私は日頃から口に出すようにしていますが、口下手な夫からはあまり返ってきません。

以前の私だったら、夫が感謝や愛情を言葉で伝えてくれないことに不満を感じたと思います。でも自分を愛せるようになった今では、「言わないだけで、本当は私に感謝してるんでしょ？」と思えます。まあ、私の受け止め方が的外れである可能性もありますが、それはそれで笑えますよね？

夫の本音がどうであっても私の気持ちは変わらないから、まあいいか。こんなふうに思える軽やかさも、この結婚生活がくれたものだと思います。

CHAPTER 4 /

人とのつながり

他人と関わる。自分を知る

人付き合いのスタンスは「状況に応じて変化する」

中学生の頃、女子同士で一緒にトイレに行ったりすることにどうしても同調できませんでした。その輪に入り込めなかったために、孤独を感じることもありましたが、振り返ってみても無理に合わせる必要はなかったと感じています。

トイレにまで一緒に行く「仲よしグループ」ですが、普段は仲よくしているのに、誰かが欠けるとその場にいない人の悪口が始まることも少なくなく、そんな環境に窮屈さを感じたりしていました。自分を殺してまでそんな場所にはいたくないな、と思う気持ちは、昔も今も変わりません。

本人がいないところでその人のことをほめるのはいいけれど、悪口やよくない噂話などを聞くのは決して気持ちのいいものではありません。

さらに怖いのが、その場にいて「ふーん」と相槌《あいづち》を打っただけで「ヒロコさんが○○って言ってたよ」なんてことにされてしまう場合があること。今では、聞きたくない話が始まったら、そっとその場を離れるようにしています。

私が得意ではないのは、小さくて閉鎖的なコミュニティで人間関係をつくることです。私の人間関係に対するスタンスは「状況に応じて変化するもの」。誰かと距離を置くことになったときは、さびしさを感じることもありますが、去る側には、必ずその人なりの考えや事情がありますよね。相手のことが嫌いになったわけではなく、その他のしがらみなどのために離れざるを得ないこともあるでしょう。

別れや離れることは確かに悲しい部分もありますが、「それぞれの歩む道が変わっただけだ」と受け入れることが大切だと思っています。

それに、いったん離れていったからといって二度と会えないわけではありません。もちろん、縁が切れてしまう人もいるけれど、縁がある人とは再会し、お付き合いが復活することもあります。

たとえそのときは寂しかったり悲しかったりしても、起こることはすべてそのときのベスト。最終的によりよい形に収まるのだと思います。

私は、10年間の海外生活を通じて「何があっても大丈夫」と思えるようになりました。同時に、人とのつながりにも以前ほど執着しなくなっていったのも、この「変化を受け入れる姿勢」がベースにあるからかもしれません。

私にとって、人間関係は「水」のようなものです。水は囲ってしまわないかぎりは流れ続け、停滞することなく新しい場所へと移動していきます。私もさらさらと流れる水のように、今の関係に固執せず、つねに流れを感じながら軽やかに、その時々で縁のある方とゆるやかにつながって楽しく過ごしていきたいと思っています。

流れに身を任せながらも、今あるもの・今の人間関係を大切にする。それを続けていけば、人生のよい流れに乗っていけるような気がしています。

自分から動かなければ
チャンスの扉の前にも行けない

私たち夫婦がタイで最初に住んだのが、バンコクのおしゃれエリアといわれるアーリー地区。このときの物件探しを手伝ってくれたのがタイ人の女性ジャーナリストでした。彼女はもともと、日本で夫の取材をしてくれた人。私たちとは「取材する側とされる側」という関係でした。ただそれだけのご縁。それなのに、思いきって頼み込んだ私のお願いを、彼女は快く引き受けてくれたのです。

実際に移住する少し前、私たちは住む場所を決めるためにタイに行きました。日本の知り合いに紹介してもらった不動産会社を通して探していたのですが、条件に合うものがなかなか見つかりませんでした。

行き詰まっていたときに思い出したのが、ジャーナリストの彼女のこと。思いきって連絡し、まず食事に行くことになりました。その際、タイに住む予定であること、部屋探しに苦戦していることを話すと、「それなら私が手伝うわ」と快く申し出てくれたのです。タイ式のやり方をよく知っている彼女のおかげで、私たちは理想的な部屋を見つけることができました。

さらに、タイで夫の作品の展示が実現したのも、ほんのわずかな縁がきっかけでした。移住して1年ほどたった頃、私たちはアーリーから別の街に引っ越すことにしました。引っ越しの当日、汗でドロドロの顔で荷物を運ぶ私に「あら、引っ越しちゃうの？」と声をかけてくれたのは、同じマンションに住むタイ人の女性でした。日本語が少し話せる彼女には、以前クリーニング店で困っているときに助けてもらったことがありましたが、普段は挨拶をする程度。でもその日は少し世間話をすることに。何気ない会話の中で、彼女の夫の友人がアート関連の仕事に就いていることがわかったのです。

引っ越しのバタバタの中で踏み込んだ話はできず、そのときは連絡先の交換をしただけ。引っ越し後に資料を送る約束をするのが精一杯でした。

「資料を送って」という彼女の言葉は、社交辞令だったかもしれません。でも、このチャンスを見逃すことなんてできない！というわけで、引っ越し後にさっそく資料を送付。送りっぱなしだとスルーされてしまうかもしれないので、すぐに連絡を入れました。その甲《か》斐《い》あって、知り合いのキュレーターをスムーズに紹介してもらうことができ、その後の展示会の開催などにもつながったのです。

こうしてひょんなことでつながった人に助けてもらってきた私たちは、本当に運がいいと思います。でも幸運をつかめたのは、自分から助けを求めたからなのでは、とも思うのです。

日本では控えめなことは美徳とされますが、海外ではそのやり方は通用しにくいようです。チャンスの扉を開くためには、自分からアピールすることが必要です。積極的に動かなければ、チャンスの扉の前にさえ行けないのです。

誰かに頼ることには、勇気がいります。でも、その一歩を踏み出せるかどうかで未来が変わることもある。じっと待っていても、幸運が空から降ってくることはありません。まずは、自分がアクションを起こす！　すべてはそこからです。

チャンスをつかみたいなら種まきを欠かさない

何であれ、物事をうまく生かすためには、努力や才能だけでなく、運も必要です。でも、チャンスは自分の望み通りのタイミングで巡ってくるわけではありません。逃してしまったら、実はそれがたった一度の機会だった……ということもあるでしょう。だから、いざというときに備えて、チャンスをしっかりつかんで生かしていくための準備はしておいたほうがよいと思います。

私自身のことはもちろんですが、夫の仕事に関しても、準備の大切さを感じることが何度もありました。アーティストの仕事は、作品を展示して購入してもらうのが基本。購入につなげるためには、作品を見てもらえる場を少しでも増やすことが肝心です。

私の場合は、将来に直接的につながらなそうなことや、面倒なこと、ムダだと思われるようなことを大事にしてきました。たとえば、お世話になった方や紹介された新しいギャラリーの展示会にはこまめに顔を出し、挨拶をするなど。その場で何かが決まることはなくても、いつどこで未来の新しいチャンスにつながるかはわからないからです。

同時に、インターネット上でも作品を紹介し続けました。直接、購入につながることもあれば、アート関係者の目にとまったことで、海外での展示のオファーにつながったりもしました。

チャンスをつかむための準備は、「種まき」なのだと思います。何を収穫できるかわからなくても、とにかく種をまいておく！　まいておきさえすれば、芽が出る可能性はゼロではありません。そしてときには、予想以上に大きく育ったりきれいな花が咲いたりすることもあるのです。

ちょっと難しいのが、どんなチャンスも「これはチャンスですよ！」と、わかりやすい形では現れないことです。だからしっかり準備しておいて、最後は自分にやりたいかどうか聞いてみる。答えが「やりたい」だったら、迷わずつかむことです。

つかんだものが正解だったかどうかは、すぐにはわかりません。でも私は、結果的に外れだったとしてもムダだったとは思いません。だって失敗しちゃった話って、いいネタになるでしょう？

SNSが見せてくれるものは世界のすべてじゃない

SNSに着物姿を投稿するようになったのは、タイに住んでいた頃のことです。

最初はYouTube。動画撮影のコツも知らなかったので、一発撮りで最初の投稿である「帯の銀座結び」の動画を撮りました。投稿したことで気がすみ、そのまま放置していたのですが、いつのまにか登録者数と再生時間が収益化の条件を満たすほどに成長していました。大好きな着物についての発信を見てくれている人がいて、喜んでくれている。それがうれしくて、その後は頑張って投稿し、趣味の延長として楽しんでいました。

自分の投稿が世界中に広がっていくSNSは、便利で楽しいツールです。でも同時に、心をざわつかせるものでもあると思います。

少しでも多くの人に届けたいと思いはじめると、どうしても数字が気になってきます。私も最初の頃は、フォロワー数をチェックしては一喜一憂したり、誰かにフォローを外されると悲しくなったりと、気持ちが振り回されることもありました。

でも、あるとき気づいたのです。会ったこともない人にフォローを外されたぐらいのことでヘコむなんて、おかしなこと。たとえばフォロワーが5万人いるなら、そのひとりを除く4万9999人は、自分の投稿を楽しんでくれているということなのに……。一生懸命になるあまり、SNSが世界のすべてであるかのような気持ちになっていたことに気づきました。

SNSは、自分が好きなものだけを選択できるツールです。見る側は、自分が見たいものを選び、見せる側は、自分が見せたいものだけを見せています。モニターに映し出されるのは、投稿者のすべてではなく、断片にすぎないことを忘れてはいけないと思います。

自分が見て「いいな」と思うものは、その人やものの一面。投稿だけを見て理想像をつくり上げてしまうと、いつかがっかりすることになりかねません。私にもごくたまに、「そんな人だと思わなかった」というメッセージが届くことがありますが、これが「会ったこともない人がつくり上げた虚像と実際の私は違う」というよい例です。

ＳＮＳを見てイライラ、モヤモヤするようになったら、のめり込みすぎに注意。ＳＮＳとの付き合い方を見直してみましょう。

あなたの嫌いな人は
あなたに似ていませんか？

私たちが感じる「嫌い」の多くは、同族嫌悪なんじゃないかな、と思います。たとえば相手の振る舞いが自分のイヤな部分とよく似ていたら、自分の短所を見せつけられたように感じてイラッとするでしょう。

また、自分に禁止していることを平気でやっている人に対しては、許せないという感情と、「それをやってもいいんだ」といううらやましさや驚きとが入り乱れているのかもしれません。

自分の前に現れる人は「鏡」のようです。イヤだと感じさせる人も、自分の中にある何かを映し出していたりするものです。

誰かを見て「うらやましい」と感じるとき、実は自分も本当はそうなりたいと思っているのかもしれません。でも同時に、「自分にはできない」と思いこんでいる。

本当にできないのでしょうか？　それとも、ただ挑戦する前にあきらめてしまっているだけでしょうか？

そんなときは、「その人」ではなく、自分にベクトルを向けて深掘りしていくことが大切です。「本当に自分もそれをやりたいのか？」「自分ならどうしたいか？」そんなふうに考えるきっかけになります。

嫌いなタイプでも、気になるときには相手の何がイヤなのかを考えることが、自分の気持ちの深掘りにつながります。どんなところがなぜイヤなのか、そのきっかけは何か。「イヤ」の理由が見つかれば、それを手放すこともできます。

手放すところまで行けなくても、自分をモヤモヤさせていたものの正体がわかると、気持ちが軽くなります。相手のことを好きになれないまでも、攻撃しようとは思わなくなると思います。

また、嫌いな理由が自分に似ているせいだと認めると「ああ、わかる」「私もそういうことしちゃう」なんて気持ちが生まれることも。私だけかもしれませんが、自分に似ていると思うと、相手が少しかわいく見えてくることさえあります。

ときには、「こんな人だと思わなかった」という失望から誰かを嫌いになることもあります。その場合、ひどいことをした相手が悪いと思いがちですが、本当にそうでしょうか？

がっかりするのは、期待を裏切られたからです。でも、そもそも相手を自分に都合のいいように理想化し、期待値を高めすぎている場合もあるのです。相手を責める前に、自分の気持ちを見直してみることも必要だと思います。

また、「何かされたわけじゃないけど苦手」と感じさせる人もいます。人間には相性もあるので、嫌いじゃないけど好きじゃない、という人もいるのが普通。本能的に苦手な人を好きになろうとする必要はないと思います。

無理に仲よくしようとしても、自分が消耗するだけ。可能なら距離をおき、あまり関わらないようにすればよいのではないでしょうか。

不機嫌な自分は叱らずに「どうしたい？」と聞いてみる

大人になると、何かと無理をしがち。周りに気をつかって「大丈夫！」と頑張り続けていると、自分のつらさや不調に鈍感になってしまうことがあります。まずは、もっと自分の気持ちにしっかり目を向けてみてほしいと思います。

イヤな気分になる時、それは「自分が選んでいる」のではなく「させられている」と感じている時が多いものです。そんな時は、どうしたいかを自分に聞いてみます。このまま落ち込んでいたいのか、元気になりたいのか、それとも寝ちゃおうか、おいしいものでも食べようか、などと、具体的に提案してみるのもよいでしょう。

この時点ではっきりした答えが出てこないことも多いのですが、「わからない」と投げ出さず、自分の気持ちを探っていきましょう。それでも答えが見えてこないとき、私はとりあえず「おいしいものを食べる」方法を試してみることにしています。

ただし、おいしいものならなんでもいいわけではありません。大切なのは、今自分が欲しているものを正確に知り、それに応えてあげることです。

「何が食べたい？」という質問に「甘いもの」と答えが返ってきたら、「それは和菓子と洋菓子、どっちがいい？」と聞いてみる。そして洋菓子が食べたいのなら、「ケーキ？　ドーナツ？　それともプリン？」とさらに掘り下げていきましょう。

最終的に出てきた望みに、すぐに応えられればベスト。それが無理なら、「仕事帰りにドーナツを買おう」などと決めてください。あとでドーナツを食べられることが約束されると、それだけで少し気分がよくなるはずです。

大切なのは自分の気持ちに耳を傾けること。「疲れているのに無視された」と感じれば、誰だって機嫌が悪くなります。だから、「ちゃんと対応するよ！」ということを自分に証明するわけです。

以前、タクシーに乗ったときのことです。移動中にすませておきたい仕事があったのですが、運転手さんがおしゃべり好きな人で、つい私も応えてしまい、結局仕事はできませんでした。本当はひと言、「仕事をしたいので静かにしていただけますか？」と言えばよかったのです。それがわかっていても言えなかったのは、運転手さんに悪く思われたくないという気持ちが働いたから。私たちが過剰にガマンしてしまう理由のひとつが、相手からよく思われたい、嫌われるのがイヤだと思ってしまうことにあります。自分の気持ちやしたいことを優先したら、わがままだと思われるのでは？などと考えてしまうわけです。

でも、忘れないでください。私たちは皆、愛される存在です。「いい人」だから愛されるのではなく、存在そのものに価値があるのです。だから、愛されるためにガマンする必要はないのです。

まずは、自分が自分を嫌わないこと。不機嫌な自分にも、まずは何に対して不機嫌なのか明確にすること。「こんなことを言ったら嫌われる」という恐れがなくなれば、自分の望みがもっとはっきり見えるようになってくるはずです。

自分の人生の主役は自分

今は誰でもＳＮＳなどで発信できる時代ですが、フォロワー数やインプレッション数などで順位がついたり結果が数値化されたりするので、そこでも「勝った・負けた」という気持ちが生まれがちです。

本来は、こうした評価は気にせず、自分がつねによい気分で過ごすことに集中できるのが理想的です。でも実際は、比較や競争から完全に抜け出すのは難しいものですよね。

人間ですから、誰かをうらやましいと思う気持ちはあって当然だと思います。ただし、うらやましさがエスカレートして、相手をけなしたり嫌ったりするようになるのは問題です。なぜなら、自分は相手を一方的に攻撃しているように見えても、実はそのネガティブさは同時に自分にも向けられているからです。

「あの人」がうらやましいと思ったら、それは自分の気持ちに気づくチャンス。自分の心が「何に反応しているのか」をていねいに見つめていきましょう。そうすることで、やりたいことや、できていないことがはっきり見えてきます。

そして、人はうまくいかないときや何かをあきらめるとき、つい環境のせいにしがちです。お金がないから、仕事が忙しいから、家族がいるから、時間がないから等々……。でも、周りにあるものは、すべてかつての自分が選択し、つくり上げたもの。だからこそ、イヤなら変えられることに気づくことが大切です。

一気にすべてを変える必要はありません。まずは日常の中で「快」を感じる時間を少しずつ持つことから始めてみましょう。

そのために役立つのが、日頃から自分を大切にする小さなアクションを積み重ねて、自分の「好きなこと」「好きなシチュエーション」を知っておくことです。

たとえば、香りを楽しみながらコーヒーをいれるとホッとする、観葉植物の葉に光が当たっているのを見ると美しいと感じ、おだやかな気分になる、かわいい動物の動画を見たり、ゆっくりとお風呂に入ったりすると癒されるなど……。こうした「好き」は、イヤな気分を切り替えるのに役立ちます。

これらを実際にやってみるのはもちろんですが、実は思い浮かべるだけでも十分効果があります。

リモコンのボタンを押すとテレビのチャンネルがパッと切り替わるように、イヤな気分を一瞬でよい気

日本に帰ってからは、車の運転もよい気分転換になっています。

分に変えてくれるのです。

ただし、切り替え上手になるためには練習も必要です。まずは気分のよいときに好きなことを思い浮かべ、幸せに浸る感覚を体感してみてください。繰り返すうちに、「好きなこと」が引き金となって気分が上向くようになります。ぜひためしてみてくださいね。

環境は何も変わっていなくても、心は変わります。大事なのは、その小さな幸せをしっかり味わい、「自分はこういうときに幸せを感じるんだ」と気づいてあげること。そうすることで、日々の中で幸せを感じる瞬間が少しずつ増えていきます。

願いが叶うと「信じきる」ことの大切さ

私が「願えば叶う」「人生は自分が思った通りになる」ということを身をもって体験し、確信を得ていったのは40代の頃のことです。

最初は小さなことから。たとえば、トイレに行きたくなったら、何としても行きますよね。そんな単純なことからですが、日々の些細なことで「自分が願う」「意図する」、するとそれが「叶う」という仕組みを確認するのは、大切なステップとなりました。

その後も、「やりたい望みを叶える」「必要なお金を手に入れる」など、少しずつ難易度を上げていくにつれて、「願えば叶う」というのはやっぱり本当のことなんだ、と信じることができるようになりました。

今の夫との結婚も、結婚式も旅行も海外移住も、すべて自分が「そうしたい」「そうなりたい」と望んで叶えてきたことです。

自分が本当は何を望んでいるのかがわかったら、その望みが叶ったときにどんな気分になるのかを、まだ叶う前にリアルに想像（妄想）することが大事です。

思い描く未来に感動して、実際に涙が出るほどにリアルに妄想すると、それが実際に起こっても起こらなくても満足しますし、そこまで味わうことができればたいていのことは実現します。

もし実現しないとしたら、それはまだ機が熟していないというだけのこと。そのうちよりよいタイミングで叶うので、安心していればいいのです。

日本に帰ってからこのように本を出版することになったのも、いつかの私が願ったこと。何を信じてもいいなら、「思った通りになんてなりっこない」より、「思った通りになる」と信じたほうが、人生は楽しいと思いませんか？

自分でオーダーしなければ望む未来はやってこない

タイで着物を着はじめたとき、最初は外出するのに少し勇気が必要でした。タイの街での着物姿は、日本以上に目立ちます。おまけに、着物&草履なんて見るからに動きにくそう。ひったくりなどに狙われたら、逃げることも追いかけることもできないのは明らかです。危険な目にあうんじゃないか、もし被害にあった場合、「着物なんか着て出歩くから」と批判されるんじゃないか、とあれこれ考えました。

でも、思いきって外出してみると、洋服を着ているときとほとんど変わりませんでした。もちろん、タイには日本人に対して友好的な人が多いことや、危険そうなところには行かないなどの用心をしたことも関係していると思いますが、着物を着ているせいでイヤな思いをしたことは一度もありません。もしかしたら、着物は目立つため、悪い人にとってはかえって狙いにくいのかな？　なんて思ったほどです。

初めての挑戦は、誰にとっても怖いものです。でも、やらずにあきらめる前に、怖さの理由と向き合ってみてください。

身の危険を伴うような挑戦の場合を除き、怖さの正体は「他人の評価」なのではないでしょうか。「こんなことをする自分は、周りにどう見えるだろう？」「どんな批判をされるだろう？」と、恐れているのです。この怖さを乗り越える方法は、ただひとつ。実際にやってみるしかありません。

今ではそれなりに慣れてきましたが、私も初めてのYouTubeやインスタライブは怖かったものです。投稿する前に、「目立ちたがり」「派手好き」など、決して言われたくない言葉が頭の中をグルグル。見てくれる人がいるかどうか、いるとしたらどのくらいいるかもわからない段階なのに、ディスられる自分を想像して勝手にビクビクしていました。

でも実際にやってみると、ひどい言葉を投げかけてくる人はいませんでした。そのときに悟ったのが、「いちばん厳しい批判者は自分」ということです。「こんなことを言われたらイヤだ」と私を怯えさせたのは、実は自分が自分に向けた言葉だったのです。

何よりももったいないのは、怖さに負けて挑戦をあきらめてしまうことです。望む方向に進むために必要なのは、まず具体的にオーダーすること。自分が何をしたいのかを決めることです。

オーダーには、制限をかけないことも重要。今の自分の器を基準にせず、何を願ってもいいのです。そしてオーダーしたことは、叶うこと。自分が思い描いたことは、できることなのです。

他人の評価（実は自分の声）を恐れて「自分には無理」とあきらめてしまうのは、オーダーをキャンセルすること。キャンセルされた料理はテーブルに運ばれてこないように、あきらめてしまった願いが叶うことはありません。

もちろん、やりたいことをする過程で、イヤな思いをすることもあるでしょう。でも、本当に自分のやりたいことのためなら、痛みを乗り越えてでもやってみたいという気持ちになるもの。そして、その挑戦をする価値はあります。

応援団長はいつだって自分。「自分、最高！」と言い続ける

私たちの多くは、くらべることが癖になっています。でも、自分と他人をくらべても、いいことはあまりないと思います。

たとえば、肌がすごくきれいな人を見て「わあ、きれい。それにくらべて私の肌は……」と落ち込んだり、スタイルがいい人を見て「すてき！　私も、もっとやせなきゃ……」と焦ったりと、どうしても最後は「それにくらべて私は」と〝自分責め〟に結びつけてしまいがちです。

まずは、この考え方を手放してみませんか？

きれいな人を見かけたら、「わあ、きれい」。以上、おしまい。すてきだと感じたら、「すてき。私もやってみようかな」。以上、おしまい。これだけです。わざわざ自分とくらべて優劣をつけたり、ダメな自分を

見つけて責めたりする必要はないのです。

くらべることをやめるのは、自分の「負け」から目をそらすためではありません。そもそも、自分と他人をくらべることに意味がないからです。

たとえば犬を飼っているあなたに、犬好きの友だちが自分の愛犬の写真を見せてくれたとします。そのときあなたは、どんな反応をしますか？　友だちの犬がどんなに美形であっても、「この子にくらべて、うちの犬は不細工でぜんぜんダメ！」なんて思わないですよね。

「好き」や「いい」という気持ちは、理屈ではありません。自分は自分の犬、友だちは友だちの犬を最高にかわいいと思う。それでいいのです。

人間だって同じです。フワフワのプードルにも、素朴な柴犬《しばいぬ》にも、ペチャ顔のパグにもそれぞれのよさがあるように、人間の魅力も十人十色です。自分のペットを無条件で愛するように、自分のことも愛してください。

大切なペットは、遊んで泥だらけになっても、鼻水を垂らして寝ていてもかわいいですよね？　自分のことも同じ目で見てください。何をしていてもかわいいし、ダメダメな姿も愛《いと》おしいと思えてきませんか？

自分の個性は、自分だけのもの。誰かとくらべて優劣をつけるのはやめましょう。そして、どんな自分も「最高！」とほめまくっていいのです。

自分自身とよい関係を築くことは、人間関係のベー

自分が最強の味方になれば、この先何があっても一生安泰です。

スになります。まずは、自分の最強の味方になること。決してブレずに、どんなときも自分のことを好きでいてください。

自分で自分を愛せるようになると、生きるのが楽になります。たとえば以前の私だったら、おしゃれしてもほめてくれない夫に不満を覚えたはず。でも今は、言ってくれたらうれしいけれど、言われなくても構いません。だって今の私は、自分で自分に「かわいいね！」「その服、似合うよ！」と言ってあげることができるから。

「幸せになっていいよ」と自分に許可を出そう

自分も幸せになっていいんだな、と心から思えるようになったのは、今の夫と暮らしはじめてからです。私は最初の離婚で、子どもの親権を手放しました。若くて十分な経済力がなく、離婚に反対していた実家に子育てのバックアップは期待できませんでした。当時の私には、ひとりで子どもを育てる力がなかったのです。

それ以来ずっと、子どもを手放した罪悪感が私の心の中に根を張っていました。いつかは一緒に暮らせるようになりたくて、必死で働いてお金を稼いで生活環境を整える努力をしましたが、うまくいかないことばかりでした。事故にあって仕事を失ったり、再婚した人のギャンブルによる借金を抱えてまた離婚することになったり……。当時は、「死んでしまえたらどんなに楽だろう」と追い詰められたこともありました。

世間の常識に当てはめたら、私の生き方は、とてもほめられるようなものではありません。

だから、「自分なんか幸せになってはいけない」、いつも心のどこかでそう思っていたのです。

でも、夫と出会ったこと、海外でお互いや自分自身としっかり向き合う時間をもてたことで、気持ちが変わっていきました。

生き方は人それぞれです。恋愛、結婚、仕事、子育て。人によって経験することは違います。当然、うまくいくこともあれば失敗することもあるでしょう。でも、何かがうまくいかなかったからといって、「幸せになってはいけない」ということにはならないのです。

結果はどうあれ、私がいつだって精一杯のことをしてきたのは事実。そのことをやっと認められるようになったのです。

子どもへの罪悪感は、一生消えません。でも、「それを抱えたまま幸せになってもいいよ」と自分に許可を出せたのだと思います。それ以来、私は、毎日たくさんの幸せを感じながら生きられるようになりました。

幸せを感じるハードルは低いほうがいい。幸せになるためには、「〜ができたから」という理由はいりません。人間は、誰もが幸せになっていい存在です。この世に生まれて、今日まで生きてきたことが、そもそも奇跡。頑張って生き抜いてきたこと自体が、尊いことなのです。

あれこれ悩んだり迷ったりしながらもこれまで生き

てこられたのは、周りからの支えもあったからです。私は人付き合いには慎重で、警戒心が強いタイプ。でも、心を開いた相手には、子犬のようにしっぽを振って甘えてしまいます。

ありがたいことに、私には甘えられる親友が夫を含めて4人います。私の弱さもダメなところも全部受け入れてくれて、私の幸せを自分のことのように喜んでくれる……。彼女たちや夫のやさしさに、何度も救われてきました。

自分の最強の味方は、自分です。私にはそれに加えて、何があっても絶対的な味方でいてくれる人が4人もいる！　私を支えてくれる親友たちには、感謝を込めて、これからもしっぽをブンブン振り続けたいと思っています。

もっと自分に甘くなって「できる自分」に目を向ける

よし、ダイエットをしよう！と決心しても、続けるのは難しいもの。早朝ランニングも寝る前の筋トレも三日坊主で、友だちに誘われてついつい甘いものを食べに行ってしまった……。身に覚えがあるのは、私だけではないはずです。

もっと素敵な自分になりたいと思うのは、素晴らしいこと。でも、そのためにストイックになりすぎると自分を追い詰めてしまうことがあります。

よくあるのが、「できない自分」を責めてしまうこと。ＳＮＳで筋トレに励む美魔女のアカウントを見ては、「どうして私はできないんだろう？」なんてため息をついていませんか？　反対に、自分よりぽっちゃりめの人を見ては、「あの人よりマシ」なんて失礼なことを考えていませんか？　こんな気持ちになるのは、

「ダイエットをしなければならない」という思い込みのせいです。

大人の女性なら、さまざまな経験を積んでいるはずです。人生、よいときもあれば悪いときもありますよね？　何かがうまくいかないときは、過去の「もっとダメだった自分」を思い出してみてください。そのときの自分とくらべると、「今の自分、なかなかやるな」と思えてきませんか？

私は、30歳を過ぎてから趣味で大人のバレエを習っていました。でも、海外ではなかなかスタジオが見つからなかったり、50歳を過ぎた頃から更年期の体調不良が続いたりでしばらくお休みを余儀なくされ、日本に帰国してから数年ぶりに再開してみたのです。やは

自分ができそうなことや、やりたい気持ちを尊重してあげましょう。

りブランクがあるので、以前は簡単にできていたことが、まったくできません。

でもその後、初心者クラスに入りなおして、少しずつ「できる」を重ねていきました。大人になって「できなかったこと」が「できるようになる」ことには新鮮な喜びがあります。だからこそ、下手でもまたバレエを楽しめているのだと思います。

誰にでも、できないことややりたくないことがあります。それをいちいち数え上げるのはやめましょう。私たちは、もっと自分に甘くなっていいと思います。「やらなきゃダメ！」と叱ってばかりでは、自分がかわいそうです。気分がよくないのは、自分が望んでいないほうへ向かっているとき。まずは、「〜ねばならない」が本当に必要なことなのかどうか見直してみてください。そして、どうしてもやらなければならないのなら、少しでも楽しい要素を付け加えて、自分が気分よく取り組める工夫をしてみてはどうでしょう？

気分を上げて幸せなほうへ向かう流れに乗るためには、自分にやさしくすることが必要です。

数え上げるべきなのはできないことではなく、自分のよいところや得意なこと。自分のよさをちゃんと知っておけば、「人とくらべて自分責め」の沼にはまることもないはずです。

自分にやさしくなるための良いところ発見ワーク

自分の良いところは、普段は意識していないような「当たり前」と思っていることの中にあります。このワークで、自分でも気づかなかった長所を見つけてみましょう。

❶自分で思う、「良いところ」や「できること」をできるだけたくさん書き出しましょう。

例 明るい、人と話すのが得意、ガーデニングが上手 など

❷身近な人に「私の良いところって何？」と尋ね、その答えをできるだけたくさん書き出しましょう。

❸①、②をたまに読み返し、いい気分を味わいましょう。

CHAPTER 5 /

こ れ か ら の こ と

私たちは変わり続ける

ぜんぶ乱高下するホルモンのせい

私が更年期を意識しはじめたのは、タイに住んでいた51〜52歳頃のことです。きっかけは、急に汗かきになったことでした。最初のうちは、タイが暑いからかな？と思っていましたが、同じ頃からいわゆる「五十肩」にも悩まされるようになり、更年期に入ったことを自覚しました。

更年期には、体だけでなくメンタルの不調にも悩まされがちです。気分の波が大きくなり、これといった理由もなくドーンと落ち込んだり、いきなりイライラ&プンプンしたり。

ひとりで抱え込むのは限界があるため、ぜひ身近な人には自分の状態を知っておいてもらうとよいと思います。

心身ともに不調なのは、更年期のせいであること。

自分ではコントロールできないことも多いため、自分自身も苦しいこと。「イライラしているときは、放っておいてほしい」などのリクエストがあれば、それも伝えておきましょう。

「言わなくてもわかってほしい」と思うかもしれませんが、たとえ一緒に暮らすパートナーであっても、それは無理な相談です。とくに更年期の不調は見た目でわかる症状が少ないため、つらさが他人には伝わりにくいのです。

個人差はありますが、更年期は10年間ぐらいは続きます。つらい時期を平和に乗りきるためには、パートナーや家族の理解も欠かせません。きちんと話し合っておくことをおすすめします。

更年期の不調は我慢しない！大切なのは真剣に休むこと

更年期＝閉経のイメージがあるため、初期の不調は更年期と結びつけられないことも多いようです。「生理があるから、更年期じゃない」と思ってしまうわけです。

でも、更年期は気づく前から始まっています。思い返すと私も、生理がバリバリにある頃から更年期の不調に悩まされていたのです。自覚した頃には、動きたくないほど落ち込むことが増えていました。自宅ではほとんどソファかベッドの上でボーッとして過ごすようになり、夫からは「寝たきり」と呼ばれたほどです。

とくに男性の中には、更年期というワードを口にすると笑う人がいたり、女性の中にもその言葉を口にすることをタブー視する人も多いように感じます。ほとんどは、更年期に対する正確な知識がないままに、中高年の女性特有の老いに伴う「なんとなくの不調」、という漠然としたイメージをもっているからでしょう。男性にも更年期があることはまだあまり知られていませんしね。

私は、更年期を「終わった」「女性としての価値がなくなる」「枯れる」といった思い込みで扱われるのがイヤです。

女性にとって更年期は、30年以上刻んできた体のリズムが大きく変わる時期。性別が変わるわけでも、価値が変わるわけでもありません。

また、女性同士の「更年期マウント」も気分のよいものではありません。更年期を避けて通れる人はひとりもいませんし、症状の現れ方や重さ・軽さには個人差があり、これは努力で変えられるものではありません。更年期は、人それぞれ。他人事のように扱ったり、無意識でもマウントをとる材料にするのはやめてほしいな、と思います。

更年期の不調は、自力ではコントロールできないものです。急に汗だくになったり、腕が痛くて上がらなかったり、起き上がれないほど気分が沈んだり。そんな状態で、普段通りのパフォーマンスなんてできるわけがありません。

最優先するべきなのは、とにかく休むこと。そして、ひどい時には我慢せずに病院に行くこと。

つらい時期であることをまずは自分が受け入れ、心と体を休ませること、頑張りすぎずに誰かを頼ることに真剣に取り組んでください。

更年期に大切なのは、頑張ることじゃなくて休むこと。

楽しみ方を見つければ「老い」もまた楽しい

40代後半まで、私は「若々しさ」にこだわっていました。若く見られることがうれしかったから、顔のシワがイヤだったし、体型を維持することも意識していました。加齢による変化を受け入れられるようになったのは、50代半ば頃からです。

私は近視用のコンタクトレンズを使っているのですが、ある時期から老眼で手元に焦点が合いづらくなってきました。眼鏡は苦手なので、できればかけたくありませんでした。でも、目の前の選択肢はふたつ。ひとつ目が、コンタクトレンズをつけて過ごし、近くを見るときだけ老眼鏡をかけること。ふたつ目が、コンタクトレンズをやめて、遠くを見るときに近視用の眼鏡をかけること。どっちにしても眼鏡じゃん！という状況に追い込まれたのです。

また、50代後半になってから、奥歯に食べ物が挟まりやすいことに気づきました。虫歯かと思って病院に行ったら、原因はまさかの「歯茎やせ」。加齢によって歯茎がやせたために歯周ポケットが広がり、そこに食べものが詰まっているだけ、と診断されました。

鏡を見れば、絶対に消えないシワもあるし、1万歩歩こうと思っても6千歩ぐらいで疲れてしまう……。さまざまな事実に直面し、自分の「老い」を受け入れざるを得ませんでした。

それ以来、私は今の自分を楽しむようになりました。髪色を白に変えたのも、そのひとつです。

そして、眼鏡問題もすっきり解消しました。たまたま見た映画で、中井貴一さんが使っていたおしゃれな眼鏡に一目惚れ。すぐに同じものを手に入れたのです。

やっと見つけたお気に入りの眼鏡。ローガン対策に欠かせません。

後ろでつながったツルを首にかけ、左右のレンズの間のマグネットで着脱する、ちょっとかわったデザインです。実際につけてみると、マグネットを外して首にかけたときの長さはチョーカーより少し長い程度。アクセサリー感覚で使えるため、今ではすっかりお気に入りです。

さらに私は、老眼を「ローガン」という外国人の名前のようなイントネーションで発音することにしました。「私、老眼になっちゃって」と言うと悲しいけれど、「私のところにもローガンが来たのよ！」なら、ちょっと楽しくなりますよね。

老いを受け入れることは、あきらめて枯れていくことなんかじゃない！　今の自分に合った楽しみ方を見つけていくことだったみたいです。

老眼鏡も使うけれど、Y字バランスだってできるのです。

好きなことを10年続ければ力に変わる

海外で暮らしている間、特にコロナ禍の時期はすることもなかったので、私は毎日、着物を着て写真や動画を撮り、それをInstagramなどに投稿し続けていました。もちろん、お金になるあてなどありません。着物を買って、コーディネートして、自分が着て、撮影して……。お金も手間もかかる投稿をコツコツ続けられたのは、シンプルに好きだったから。結果的にその発信からさまざまなつながりが生まれ、着物やファッション関連の仕事に関われる機会も増えていきました。

着物初心者だった私が今、着物を仕事にすることができているのは、長く続けてきたからです。自分の経験から、どんなことでも10年続ければものになるんじゃないかな、と思うようになりました。

YouTubeに着付け動画を投稿しはじめた頃、私よりずっと着付けが上手で、プロフィールに「着付け歴10年」などと書いてある人がまぶしく見えました。自分もうまくなりたくて、あれこれ研究しながら夢中でやっているうちに、気づいたら、私自身が「着付け歴10年」になっていました。

どんなことにも「初めて」はあります。先を行く人たちにかなわないから、とあきらめてしまったらそこまで。そして早く始めれば始めるほど、「10年後」は早くやってきます。

10年は長いけれど、好きなことなら続くものです。やりたいことがあるなら、すぐに始めましょう。イヤなら途中でやめればいいのですから。続けた結果が、仕事やお金に行きつくとは限らないけれど、必ず自分の力になる何かにつながるはずです。

自分の本のための撮影なんて、10年前には想像できなかったこと。

おわりに

とらわれる人生からこだわりの人生へ

ここまで読んでいただきありがとうございます。ほんの少しでも「参考になった」と思ってくださることがあったなら幸いです。

最後に、人生を自分で選び続けるために私が大切なだと思っていること——「こだわり」と「とらわれ」の違いについて、書いておきたいと思います。

「こだわり」とは、自分の本当の気持ちに従い、意志を持って選択する姿勢です。好きなもの、好きなこと。譲れない思い。それらは他人の評価や常識に左右されるものではなく、自分だけの純粋な価値観から生まれます。だからこそ、そこには主体性があります。

一方で、「とらわれ」はそうではありませんよね。誰かの価値観、世間体や常識、人の噂話――本当はそれが自分にとって大切かどうかもわからないまま、無意識に従ってしまうことがあります。

厄介なことに、私たちは多くの場合、とらわれていることにすら気づけません。とらわれていると、判断の軸は自分ではなく他人になりがちだからです。本当はほかの選択肢もあるのに「これしかない」と思い込んでしまったり、つねに不安や恐怖に振り回されたりする。

そして違和感や不快感を覚えても、「そういうものだ」と自分を納得させてしまうのです。

「気持ちや感情に振り回される」とよく言われますが、実は気持ちや感情は人生の羅針盤です。喜びやワクワクは「それが好きだ」というサイン。嫌悪感やモヤモヤは「それは違う」というメッセージ。それらを無視し続けたり、見ないようにフタをしたりしていると、次第に自分のことがわからなくなってしまいます。

大切なのは、感情に振り回されることではなく、感情を大切にすること。その上で、意志を持って選択すること。他人や社会がどう言うかではなく、「自分はどうしたいのか」を軸に生きること。

それができたとき、人は自分らしい人生を歩んでいるといえるのだと思います。


私たちは年齢を重ねるとともに、体型も、肌も、髪色も、自分の好みも、考え方も、つねに変わっていきます。ずっと同じ自分ではいられないし、この先にどうなっていくのかもわからない。何を選ぶかは、「今の自分」が決めるしかないのです。

その「今の自分」が、もし自分以外の何かにとらわれたままだったとしたら、もったいないですよね。それよりも、自分のこだわりに従って、本当に望む毎日を選び取っていきませんか？

過去や常識にとらわれず、未来を恐れず。自分が求めるほうへ進んで行けば、そこにはきっと幸せが待っています。

長谷川普子

ペタンコのショートブーツで、私はどこへ向かうのか？

長谷川普子（はせがわ　ひろこ）

着物インフルエンサー。Instagram をメインに SNS 総フォロワー数は 20 万人超。
離婚を 3 回経験後、2013 年にアーティストである 4 人目の夫と入籍。その半年後からタイ・台湾での 10 年余り続く海外生活に。「着るを愉しむ！」をテーマに、呉服店も着付け教室もない中で試行錯誤しながらの着物生活を Instagram と YouTube で発信し人気となる。2024 年春、海外生活を終えて日本に帰国し、現在は着物のみならず洋服のセンスも多くのファンに支持される発信を続けながら、活躍の場をますます広げている。

Instagram：@hirokimonon
YouTube：「着物ひろこ HIROKO HASEGAWA チャンネル」@hirokimonon

とらわれない人《ひと》はうまくいく

ほんの少《すこ》しの勇気《ゆうき》で明日《あした》は変《か》わる

2025 年 4 月 28 日　初版発行

著　者／長谷川《はせがわ》　普子《ひろこ》
発行者／山下　直久
発　行／株式会社 KADOKAWA
〒 102-8177　東京都千代田区富士見 2-13-3
電話 0570-002-301（ナビダイヤル）
印刷所／ TOPPANクロレ株式会社
製本所／ TOPPANクロレ株式会社

●お問い合わせ
https://www.kadokawa.co.jp/（「お問い合わせ」へお進みください）
※内容によっては、お答えできない場合があります。
※サポートは日本国内のみとさせていただきます。
※ Japanese text only

定価はカバーに表示してあります。

ISBN 978-4-04-607514-7 C0095